2年生

国語―教科書教材の読みを深める言語活動

発問を中心とした全時間の展開例

はじめに

数を表すことばの学習で次のようなことをしたことがあります。

黒板の漢数字をみながら、小さい順に、声に出して言ってみましょう。

「イチ、ニ、サン、シ、ゴ、ロク、シチ、ハチ、キュウ、ジユウ。」

今度は反対に言ってみましょう。

「ジュウ、キユウ、ハチ、なな、ロク、ゴ、よん、サン、ニ、イチ。」

何回も言わせていくと、気がつきます。あっ、「よん」、「なな」と言っている。音声に出すことで気がつくのです。

そして音読みや訓読みの区別、言葉の変化などの学習につながっていきます。音読活動をこのように、それ自体にとどまることなく、気づきを伴う学習や発展としての学習につなげていきたいものです。


二年生の「お手紙」・光村図書（アーノルド・ローベル）の冒頭場面を聴・視写しながら読んでいるときでした。

「二人とも座っていたところだけれど、どうして、ふたりはひらがななのですか。」

と、ある男の子が質問しました。すると、別の子がこう答えました。

「がまくん、かえるくんは人間ではありません。二人と書くと、人という字があるので人を感じてしまうかもしれないから、ひらがなにしたのだと思います。」

男の子は、実際に文を書きうつしていたとき「どうして〝ひらがな〟なのかな」と疑問に思ったのでしょう。

二年生の「スイミー」には、スイミーが赤い魚たちに教える場面があります。そこを劇の台本に書き換える学習をしました。
スイミー　「そこの赤い魚くん、ああ、君。もうちょっと右へよって。」

赤い魚1　「こっちですか、これでいいですか。」
スイミー　「うん、そこ、そこで動かないでね。あっ、となりの君、そう、もっとくっついてください。」
赤い魚2　「あのう、ぼくはここでいいですか。」
スイミー　「おお、うまい、うまい。なかなかいいよ。」

「離れ離れにならないこと」「持ち場を守ること」という言葉のイメージを伴ってつかむことができました。さらに、ここでは「教える」ということも具体的にとらえることができました。この台本の発表会も楽しいものになりました。

指導要領の解説でも、「言語活動を通して指導すること」とあります。言語活動そのものも大事ですが、それを通して、より読みが深まること、理解や気づきを促すこと、表現が確かになること、学びが発展することが大事なのです。

そこで、わたしたちは日々の教科書教材の読みの授業のなかに、言語活動を位置づけてみようと考えました。これは、従来から行われているものもありますが、もっと意図的に取り入れてみようというわけです。学習活動の明確化とも言えます。

そのためには、『発問を、どうしていくのか』が課題だと考えました。発問を展開するなかで、場面や内容にあった言語活動・学習活動へと授業が進められるようにしたいと考えました。特定の「授業の型」にとらわれることなく、教材・作品の特徴に合わせて、授業を組んでみたつもりです。

本書では、扱う教材・作品についてはじめからおわりまで、単元全体の毎時間の展開例を提案しました。すでに、実践してみて、修正したものもあります。実践的にはこれから試されるものもあります。

本書の中心は教科書の文学作品・説明文を豊かに読むことのための授業提案ですが、後半では、作文や話し合い活動などその他の言語活動、および言語事項の学習についての展開も載せておきました。

このような形で、みなさんのお手伝いができることをうれしく思っております。

6月1日

編著者　今井　成司

目次

ご利用なさる方へ

国語の授業の型にとらわれることなく、教材・作品の特徴に合わせた授業展開・言語活動を目指し製作したものです。本書の見方は、主に次のようになっています。

- ●教科書の引用文には①傍線を引く、②『　』に入れる、③その両方、にしています。
- ●「　　」は教師の発問です。
  そのなかでも大事な発問は太字にしてあります。
- ●授業において予想される子どもの反応・発言は「・」で示してあります。
- ●四角く囲ってある文章は、黒板に書くか、もしくは掲示するとよいものです。

Ⅰ 文学作品　ゆたかな読みを

1 音読を取り入れて、場面の様子を生き生きととらえる

「スイミー」

レオ＝レオニ 作、谷川俊太郎 訳
（光村図書・二年上／学校図書 二年上）

＊使用教科書：光村図書

友だちとの役割読みや、場面の様子を絵で表すことで、スイミーの世界に入り込む。

音読では登場人物のお面をつけると，活動が盛り上がる。（第10時）

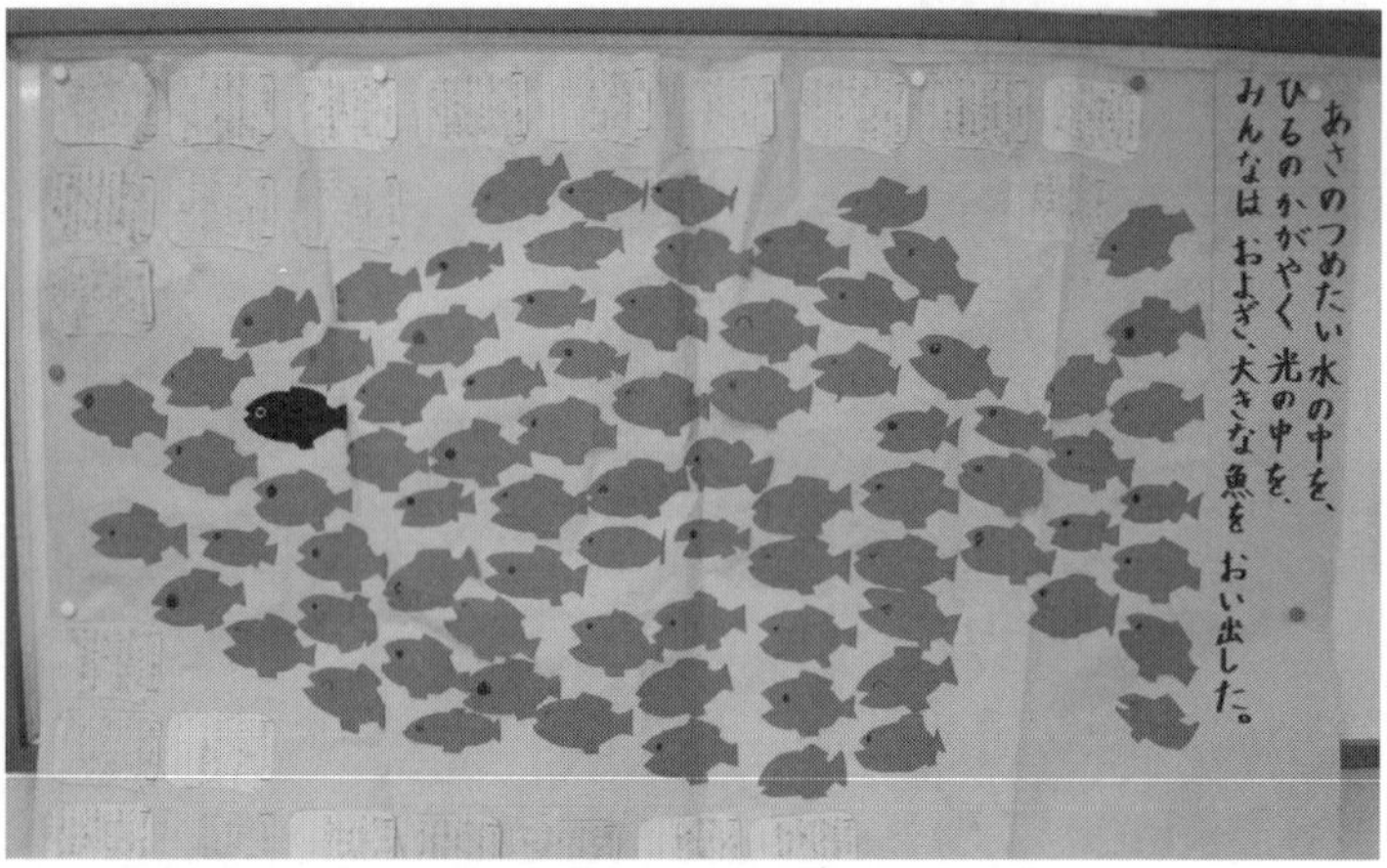

小さな魚を作り，スイミーの作戦を視覚化する。（第9時）

ねらいと学習の重点

子どもたちがスイミーの気持ちになりきり、場面の様子をいきいきととらえられるような読みを組み立てます。そのためには、音読や動作化を取り入れたり、場面の様子を絵とふきだしで表したりすると効果的です。

特に役割読みは、友だちとかかわって読むことの楽しさを味わうことができ、気持ちを表現しやすいという利点があります。お面やペープサートなどを使うと、子どもたちは夢中になって取り組みます。また、動作化を取り入れることにより、場面の様子がさらにイメージできるようになります。

文や言葉を具体的に絵に描くことによって、イメージを鮮明にしていきます。場面の様子を大きな模造紙に絵とふきだしで表したり、海の様子の写真を活用したりします。完成した模造紙は、教室にはっておくと、前時までの学習を振り返ることもできます。

■学習指導計画［10～12時間］

時	学習内容	学習活動
1	「スイミー」の全文を読もう	○題名の「スイミー」について話し合う。 ○全文を読んで、内容をつかみ、初発の感想を書く。
2	スイミーはどんな魚かを読みとろう	○スイミーについて書いてある部分に注目し、どんな魚かを読みとる。 ○スイミーがきょうだいたちと楽しくくらしている様子を話し合う。
3 4	ひとりぼっちになってしまったスイミーの気持ちを読みとろう	○記述をもとに、まぐろ、赤い魚、スイミーの様子を読みとる。 ○まぐろの様子を動作化する。 ○どうしてスイミーだけが逃げられたのかを考える。 ○第一場面との違いを考えながら、音色を工夫して音読をする。
5 6	スイミーが元気を取り戻していく様子を読みとろう	○自分だけ逃げられたスイミーの様子や気持ちの変化を読みとる。 ○スイミーの様子や気持ちの変化、海の中の様子がわかるように音読をする。 ○場面の様子を絵にし、スイミーの気持ちをふきだしに書く。
7	スイミーと小さな魚たちの様子や気持ちを読みとろう	○スイミーと小さな赤い魚たちの会話から、その様子や気持ちを考える。 ○場面の様子を描き、スイミーと魚たちの気持ちをふきだしに書く。 ○スイミーや小さな魚の気持ちが表れるように音読をする。
8 9	大きな魚を追い出したスイミーたちの気持ちを読みとろう	○スイミーが考えついたことは、どんなことかをつかむ。 ○大きな魚になることを動作化する。 ○場面の様子を絵で表し、スイミーや小さな魚の気持ちをふきだしに書く。 ○音読をする。
10 11 12	学習のまとめをしよう（選択） ・スイミーへ手紙を書こう ・音読発表会をしよう ・レオ＝レオニのほかの話を読もう	○スイミーへ手紙を書く。 ○グループに分かれて、互いに音読を聞き合う。 ○レオ＝レオニのほかの作品を読む。 ｝選択して行う。

第1時

「スイミー」の全文を読もう

■題名から想像する

まず、題名・作者などについて話し合います。

「このお話の題名は何でしょう」

「このお話を作った人は誰でしょう」

「このお話の絵を描いた人は誰でしょう」

『やく』というのは、このお話を日本語に直して書いた人のことです。スイミーのお話を日本語に直したのは誰ですか」

作者については、指導書に載っているので、生い立ちや生き方を子どもたちに話します。

そのあと、「スイミー」という題名から、どんな感じがするか、どんなお話だと思うかを学習シートに書き、発表します。

「『スイミー』という題名からは、どんな感じがしますか。どんなお話でしょう」

・スイスイ泳ぐ感じがします。

・海のお話だと思います。

・泳ぐのが速い魚のお話だと思います。

『スイミー』という言葉から、みんなたくさん想像することができましたね。では、どんなお話なのか読んでみましょう」

■全文を読み、感想を書く

教師が範読します。そのあと、全文を各自で読み、どんな話だったかを大まかにつかむ話し合いをします。

あらすじをつかんだら、初発の感想を学習シート①に書き、何人かに発表させます。

主な言語活動

・題名読みを行い、各自全文を読んだあと、初発の感想を発表する。

学習シート①（題名読みと初発の感想）

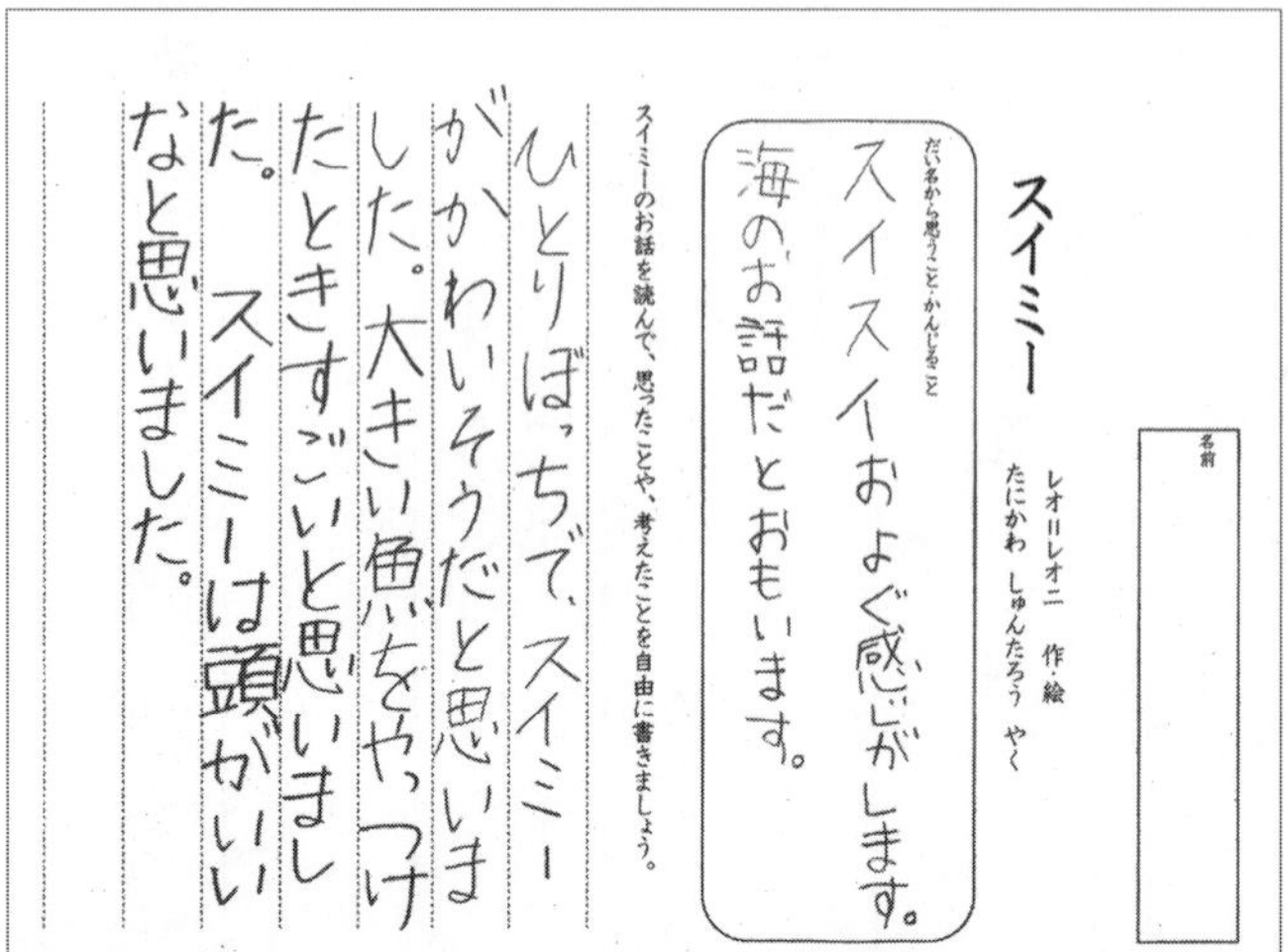
スイミー
レオ=レオニ 作・絵
たにかわ しゅんたろう やく
名前
だい名から思うこと・かんじること
スイスイおよぐ感じがします。海のお話だとおもいます。
スイミーのお話を読んで、思ったことや、考えたことを自由に書きましょう。
ひとりぼっちで、スイミーがかわいそうだと思いました。大きい魚をやっつけたときすごいと思いました。スイミーは頭がいいなと思いました。

第2時

スイミーはどんな魚かを読みとろう【第一場面】

主な言語活動

・挿絵と言葉からどんな魚か読みとって学習シートに書く。
・自分たちの生活と重ねて話し合う。

■学習場面を音読・視写する

第一場面を各自音読します（全員で声を合わせて音読してもよいでしょう）。そのあと、何人かの子を指名して読んでもらいます。わからない語句があった場合には、説明をします。これは、各時間共通して行います。

そのあと、教科書を見ながら、学習シート②にスイミーの特徴をおさえて言葉を記入します。

■物語の場所をおさえる

音読をしたあと、内容の読みとりに入ります。

「この物語の場所はどこですか」

・広い海です。
・海の中です。

低学年の子どもたちには、「いつ」「どこで」「だれが」「なにを」「どうした」ということをしっかりとおさえさせることが大切です。教科書に書いてあることなので、たくさんの子が発表をすることができます。多くの子どもたちに言わせせながら読みとりをしていきます。

■『くらしていた』のイメージを広げる ～自分たちの生活と重ね合わせて～

書いてあることを読みとったら、次は、記述から考え、想像する問いを投げかけます。

『くらしていた』とは、どんなことかを子どもたちに問いかけます。

・みんなで住んでいました。
・一緒に遊んでいました。

「小さな魚たちがどんなことをしてくらしていたか、学習シート②に書きましょう」

とさらに具体的に問いかけます。

子どもたちは、小さな魚たちのくらしを想像して、いろいろ書きます。

・鬼ごっこをしました。
・みんなでご飯を食べていました。
・夜はみんなでかたまって寝ました。

これらを「遊び」「食べる」「寝る」などに分類します。

このように『たのしくくらしていた』を自分たちの体験や生活につなげることで、具体的にスイミーたちのくらしをイメージできるようになります。

■スイミーの特徴をおさえる

「スイミーは、どんな魚ですか」

子どもたちにスイミーの特徴が書いてある部分に線を引かせます。

①『まっくろ』

板書例

くろ
まっくろ

この二つを板書し、どんな感じがするかを問いかけます。

・真っ黒のほうが濃い黒です。
・暗闇の黒です。

「黒」と「真っ黒」の違いをおさえ、スイミーは真っ黒だったということを確認します。さらに、体言止めにしていることで、黒さが際立っていることにも気づかせます。

②『およぐのは、だれよりもはやかった。』

「どのくらい泳ぐのが速いのでしょうか」

・すごく速いです。
・『だれよりも』って書いてあるので、一番泳ぐのが速いと思います。

全体でスイミーの特徴をおさえたら、学習シート②にスイミーの特徴を書きます。

そのあと、ペープサートやお面を使って、小さな魚になったつもりで友だちどうしで話をしてみるのもよいでしょう。

・ねえ、今日は何をして遊ぼうか。
・鬼ごっこをしようよ。

このようにして、スイミーの特徴と、その生活が楽しかったということをおさえます。

■内容を読み取ったあとに音読する

物語文の授業では、毎時間音読で始まり、音読で終わるようにします。内容を十分に理解していない音読は「ただ読むだけ」になってしまいがちなので、内容を理解した授業の最後にも学習場面の音読をするようにします。内容をしっかりと理解したあとの音読は、授業の最初の音読とは、驚くほど違います。

音読の方法は、一人で読む方法と、二〜三人でグループになって、役割読みをする方法があります。登場人物が複数出てきて、会話をする部分では、役割読みが効果的ですが、この場面では、一人で読むのがよいでしょう。

学習シート②（第一場面・スイミーの特徴）

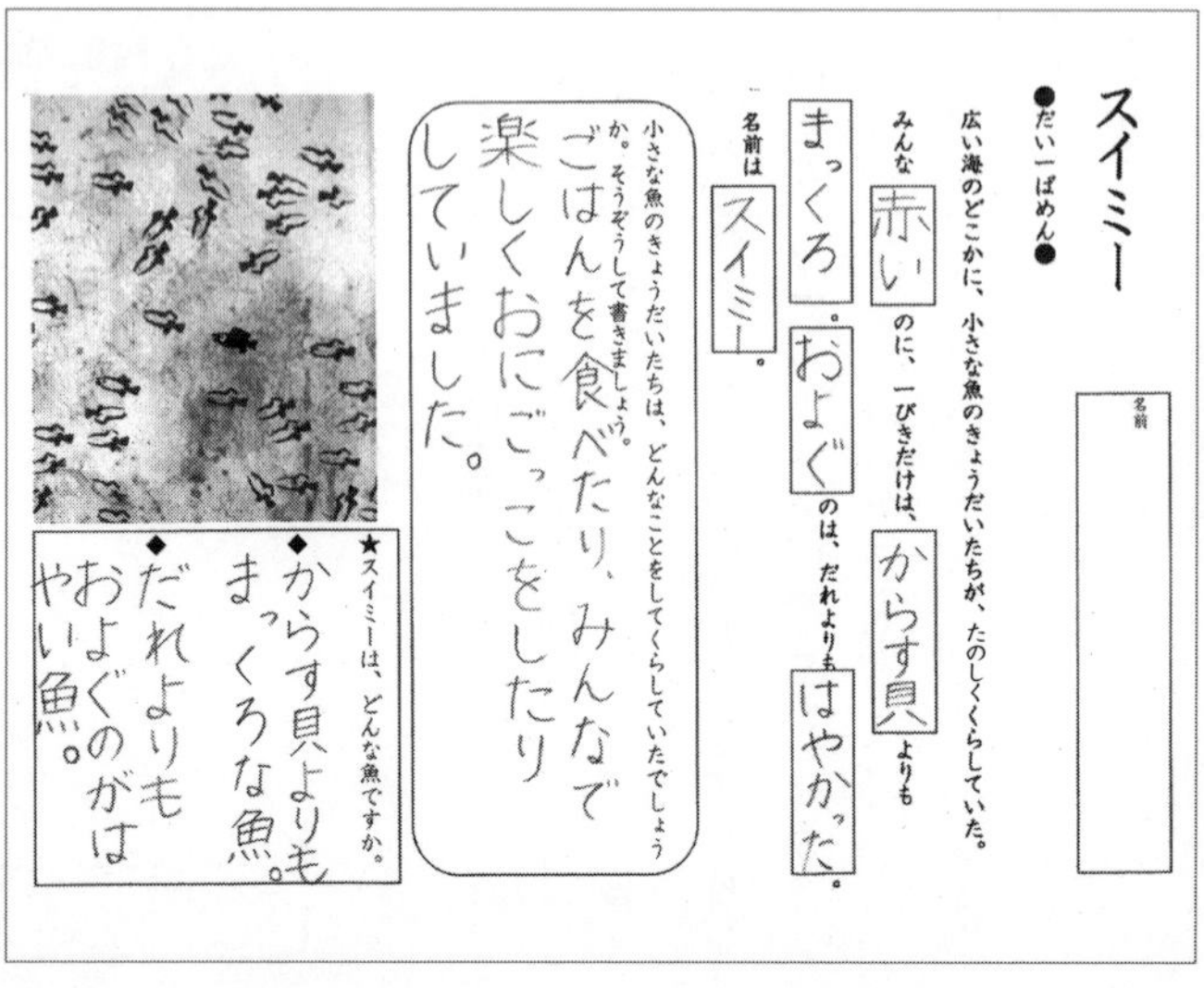
スイミー
●だい一ばめん●
名前
広い海のどこかに、小さな魚のきょうだいたちが、たのしくくらしていた。
みんな 赤い のに、一ぴきだけは、からす貝 よりも まっくろ。およぐ のは、だれよりも はやかった。
名前は スイミー。
小さな魚のきょうだいたちは、どんなことをしてくらしていたでしょうか。そうぞうして書きましょう。
ごはんを食べたり、みんなで楽しくおにごっこをしたりしていました。
★スイミーは、どんな魚ですか。
◆からす貝よりもまっくろな魚。
◆だれよりもおよぐのがはやい魚。

音読の工夫①

授業では、子どもたちに「この場面はどのように音読したらよいでしょうか」と問いかけます。

●明るい声で読みます。

●楽しくくらしていたからです。

など、なぜそう表現するのか理由を述べさせながら、読みとったことを音読に生かすようにします。

音読の工夫については、カードなどに書いて掲示しておくと便利です。

・大きく	・小さく
・弱く	・強く
・楽しく	・悲しく
・やさしく	・こわく
・高く	・低く
・速く	・ゆっくり
・だんだん○○に	・間　など

友だちのよいところを見つけさせる

ペアやグループで音読をしたり、みんなの前で音読をしたりしたときには、必ず上手だったところやアドバイスなどを聞いた子に言わせます。

●明るい声で読んでいたので、スイミーたちが楽しくくらしている感じがしました。

のように、内容理解と併せて、よさを認めるとよいでしょう。

グループでの音読練習では、

●もうちょっと悲しそうに読んだらいいよ。

など、自分たちのグループの音読をよりよいものにするためのアドバイスをお互いに言えるようにします。

動作化と合わせて

登場人物のお面をつけたり、ペープサートを動かしたりしながら音読をすると、子どもたちの気分がさらに盛り上がり、張り切って活動することができます。

①後追い読み（連れ読み）

教師が一文を読んだら、そのあとに子どもたちが全員で読みます。

教師のあとに読むので、子どもたちは安心して大きな声で読むことができます。また、正しいイントネーションや区切りで読むことが身につきます。

②一斉読み

全員で声をそろえて読みます。一人では読めない子も、友だちといっしょだと声を出しやすくなります。

③丸読み

句点までを一人の子どもに読ませて、次々に交代しながら読みます。たくさんの子どもが読むことができるという利点があります。

第3・4時

【第二場面】ひとりぼっちになってしまったスイミーの気持ちを読みとろう

主な言語活動

・まぐろの恐ろしさをよりイメージするため、動作化や音読をする。
・スイミーの気持ちを想像し、ふきだしに書き、交流する。

【第3時】

■まぐろの恐ろしさと場面の緊迫感をつかむ

スイミーとたくさんのきょうだいたちが楽しくくらしていたことを振り返り、第二場面を音読します。

「ある日、何がやってきましたか」

・まぐろです。

まぐろについて、知っていることを出させると、水族館で見たことがある、お刺身で食べたなどの意見が出ます。

どんなまぐろかを学習シート③に書きます。

「恐ろしいとは、どんな意味ですか」

・こわい。
・震えるくらいこわい。

「どうしてまぐろは恐ろしいのでしょうか」

・食べられてしまうからです。
・スイミーよりもまぐろはすごく大きいからです。

記述や挿絵から、スイミーたちにとって、まぐろは、脅威の存在であったことを理解させます。記述から考えさせるようにすると、内容から離れずに話し合いをすることができます。

・スイミーたちは、まぐろの目ぐらいの大きさしかないです。
・まぐろは口に牙みたいな歯があります。

挿絵に注目させることは、とても大切です。文章からではわからないことでも、絵からわかることがたくさんあるからです。

「まぐろは、どうしたのですか。その様子を学習シート③に書きましょう」

このようにまぐろの様子を記述と挿絵からおさえ、学習シート③に書いていきます。

■比喩表現に目を向ける ～ミサイルみたいに～

次の二つを板書し、声に出して読ませます。

板書例

・すごいはやさでつっこんできた。
・『すごいはやさでミサイルみたいにつっこんできた。』

声に出すことで、表現の違いに気づきやすくなります。

「この二つを比べてどんな感じがしますか」

・『ミサイルみたいに』と書いてあるほうが速い感じがします。

『ミサイル』という言葉は、どんな感じがしますか」

・こわい。

・何でも壊してしまう。

『ミサイルみたいに』と書いてあることで、まぐろがものすごく速いこと、そして、とてもおそろしいものであることが伝わってくることを確認し、「比喩表現」について教えます。

ここで、ほかの比喩表現を押さえてもかまいません。

（例）

○お母さんは怒ると鬼みたいにこわい。

⬅ 本当の鬼ではないがこわいところは似ている。

■まぐろの様子を動作化する

おなかをすかせてつっこんできたまぐろは、一口で小さな赤い魚たちを、一匹残らず飲み込んだ。つまり、食べてしまったということを読みとったあとに、まぐろになりきって動いてみると、ミサイルみたいなという表現を実感することができます。

「みんなもまぐろになったつもりで、ミサイルみたいに動いて、大きな口を開けて飲みこんでみましょう」

子どもたちに、教室の中を泳ぐように動き回らせ、大きな口を開けて「ごくん」と動作化させます。

TUNA
TUNA

■まぐろのスピード感と恐ろしさを音読で表す

比喩表現や動作化で深まった理解をふまえ、音読の工夫を話し合います。

・『おそろしいまぐろが』のところは、暗い声で読みたいです。

・『すごいはやさでミサイルみたいにつっこんできた。』は、速く読みたいです。

・ゆっくり読むと、まぐろがのんびりしているみたいに聞こえるからです。

各自で声に出して読んだあとに、何人かに読ませます。

学習シート③（第二場面・スイミーの気持ち）

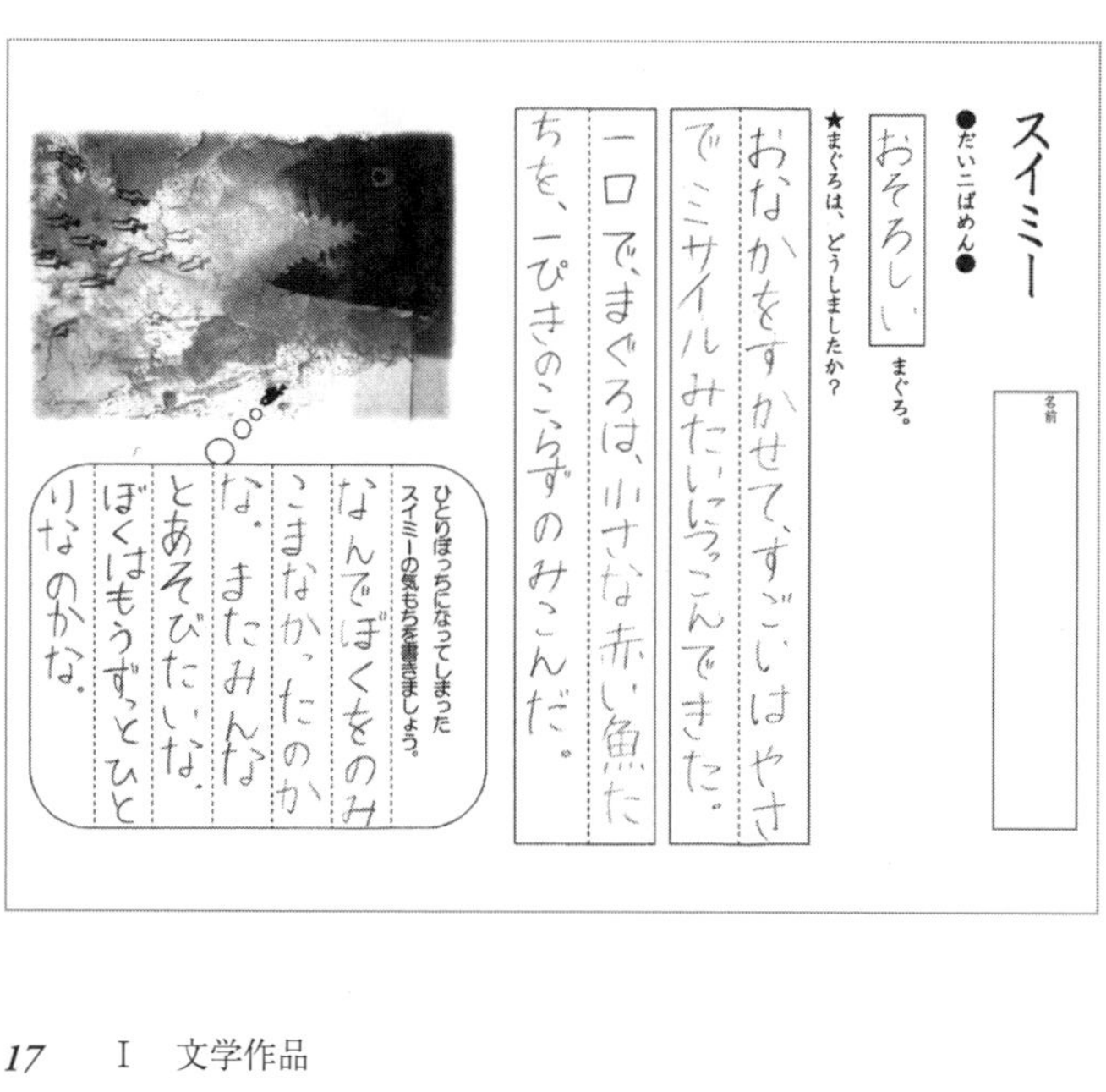

スイミー
名前
●だい二ばめん●
★まぐろは、どうしましたか？
おそろしい まぐろ。
おなかをすかせて、すごいはやさでミサイルみたいにつっこんできた。
一口で、まぐろは、小さな赤い魚たちを、一ぴきのこらずのみこんだ。
ひとりぼっちになってしまったスイミーの気もちを書きましょう。
なんでぼくをのみこまなかったのかな。またみんなとあそびたいな。ぼくはもうずっとひとりなのかな。

［第4時］

■スイミーだけが逃げたわけを考える　～スイミーのすばやさと賢さ～

まぐろが、一匹残らず赤い魚を飲みこんでしまったことを振り返ります。

「みんな食べられてしまったのですね」

・スイミーは食べられませんでした。

・『にげたのはスイミーだけ。』と書いてあります。

「みんな飲みこまれてしまったのに、どうしてスイミーだけは逃げることができたのでしょうか」

・『およぐのは、だれよりもはやかった。』からです。

教科書の記述を振り返らせ、確認します。

「でも、いくら泳ぐのが速くても、まぐろが来たことに気づかなかったら、食べられてしまいませんか」

・スイミーは、一番に気づいたから逃げられたのだと思います。

・スイミーは泳ぐのも速かったし、頭もよかったと思います。

挿絵では、スイミーだけが違う方向に逃げています。まぐろの目の向いていない方向に逃げれば助かることを知っていて、とっさに行動にうつすことのできるスイミーの賢さと行動力を挿絵から想像できます。

このように、スイミーは泳ぐのが速いだけでなく、賢かったことにも気づかせます。しかし、

「気づいたけれど、仲間に教えている余裕はなかった」というところまで読ませたいものです。

■ひとりぼっちになったスイミーの様子と気持ちを読みとる

「スイミーは、逃げたあとどうしましたか」

・暗い海の底を泳ぎました。

「どうして暗い海の底を泳いだのでしょうか」

・まぐろから逃げたからです。

・深いから見つからないからです。

・スイミーは黒いから、暗いほうが見つからないからです。

「暗い海の底」という表現は、スイミーの深く沈んだ心も表しています。

次に、表現そのものに注目する発問をします。

「泳いでいるスイミーの気持ちについてどう書いてありますか」

・『こわかった。』

・『さびしかった。』

・『とてもかなしかった。』

この三つの感情を具体的におさえていきます。

「どんなことがこわかったのでしょうか」

・また、まぐろに襲われるかもしれないこと。

・いつ食べられてしまうかわからないこと。

「どんなことがさびしかったのでしょうか」

・ひとりぼっちになってしまったこと。

「どんなことがとてもかなしかったのでしょうか」

・大好きなきょうだいがみんな食べられてしまったこと。

・きょうだいが死んでしまったこと。

『こわかった』『さびしかった』よりも、大

好きなきょうだいが食べられてしまった「かなしみ」が一番強かったので、『とてもかなしかった』と書かれているのではないかと考えます。また、たたみかけるような表現から、スイミーの「つらさ」を感じとります。

■スイミーの気持ちになって、ふきだしに書く

「一匹だけ生き残ったスイミーはどんな気持ちでしたか」

・自分は生き残ったけれど、きょうだいが全員食べられてしまったから悲しい。
・もっと早く気づいていればよかった。
・仲間に教えられなかったからくやしい。

学習シート③のふきだしに、スイミーの気持ちを想像して書きます。

■ふきだしを音読する

ふきだしを書いたあとに、ペアやグループになって互いの書いたふきだしを聞き合ったり、全体で発表したりします。

ここでは、「悲しさ」「さびしさ」などをどう音読で表現したらよいかを工夫することになります。

友だちのふきだしの内容を聞いたら、必ずどこがよかったかを伝えます。

友だちの発言のいいところを見つける習慣をつけさせると、よく聞くようになります。また、互いを認め合えるクラスづくりをすることができます。これは、どの学習にも言えることです。

■まとめの音読

第一～二場面の音読をして終了します。声に出すことで、スイミーの気持ちの変化「楽しい ⬇ こわい・悲しい」がさらによくわかります。

第5・6時 【第三場面】

スイミーが元気を取り戻していく様子を読みとろう

主な言語活動

・海のすばらしさによって、癒されていくスイミーの気持ちを実感させるため、模造紙に絵やふきだしを描いて表す。

【第5時】

■スイミーの気持ちの変化に気づく

ひとりぼっちになってしまったスイミーの様子や気持ちを振り返り、第三場面を音読し、学習シート④に視写します。

「スイミーは、ずっと、こわくてさびしくてとても悲しい気持ちでいましたか」

・元気になってきました。

「どの部分からわかりますか」

・『だんだん元気をとりもどした。』です。

接続詞「けれど」を取り上げて、前の文とは変わったことを確認します。

「スイミーは、どうして元気を取り戻していったのでしょうか」

・すばらしいものをいっぱい見たからです。

「スイミーが見たすばらしいものは何でしょうか」

・くらげです。

「どんなくらげですか。学習シート④に書きましょう」

・『にじ色のゼリーのようなくらげ。』

『にじ色のゼリーのようなくらげ』とは、どんなくらげでしょうか」

・七色で透き通っていてきれいです。

・本物のゼリーみたいにぷるぷるしています。

比喩表現から、スイミーが見たすばらしいもの、おもしろいものを話し合います。

■スイミーが見た、すばらしいものを読みとる

○『水中ブルドーザーみたいないせえび』

ブルドーザーの重量感や大きさを話し合い、いせえびが硬く力強いことを想像します。

○『見たこともない魚たち。見えない糸でひっぱられている。』

初めて来た海底で、初めて目にする魚たち。見えない糸で引っ張られているというのはどういうことか話し合います。スイミーたちは第一場面の挿絵のように群れをなしてはいましたが、向きや動きはばらばらです。均一の間隔と速度と向きの変え方で群れをなして泳ぐ魚たちを見て、驚いたため、このような表現になっていると考えます。この魚たちの動

きが、後の大きな魚のふりをするヒントになったのでしょう。

○『ドロップみたいな岩から生えている、こんぶやわかめの林。』

色とりどりのキャンディーのような岩を想像させます。『林』という表現から、何十本もまとまって生えていること、小さなスイミーからすると、林ほどの大きさに見えるほど大きいということを想像させます。

○『うなぎ。かおを見るころには、しっぽをわすれているほどながい。』

うなぎを尾からたどっていき、どんな顔をしているのかと見たのでしょう。うんと長いことがわかる文です。

○『風にゆれるもも色のやしの木みたいないそぎんちゃく。』

穏やかな潮の流れにゆらゆら揺れる様子を想像させます。これを見たスイミーは、癒され、心が落ち着いたことでしょう。

実物の写真や映像を見せると、具体的にイメージできます。

スイミーが見たすばらしいものを学習シート④に書いたあと、なぜそれらがスイミーにとってすばらしいものであったのか話し合います。

・スイミーは今まで見たことがないから、すごくびっくりして感動しました。
・初めてこんなにきれいな生き物や変わった生き物を見たから、わくわくしました。

■生きていることのすばらしさに気づいたスイミーの気持ちを書く

「すばらしいものを見て、スイミーの気持ちは、どうなりましたか」

・すっかり元気を取り戻しました。
・こんなにすごいところがあったんだ。生きていてよかったと思っています。
・みんな自分らしく生きていると思いました。

今までの狭い生活範囲のなかでは出会えなかったもの。それらは、スイミーの恐怖や悲しみを忘れさせるほど、すばらしく、おもしろいものであったことをつかませます。それらとの出会いから、生きていることのすばらしさをスイミーは感じたのです。

学習シート④に元気を取り戻していくスイミーの気持ちを書き、発表します。まとめの音読をして、終わりにします。

学習シート④（第三場面・海で見たすばらしいもの）

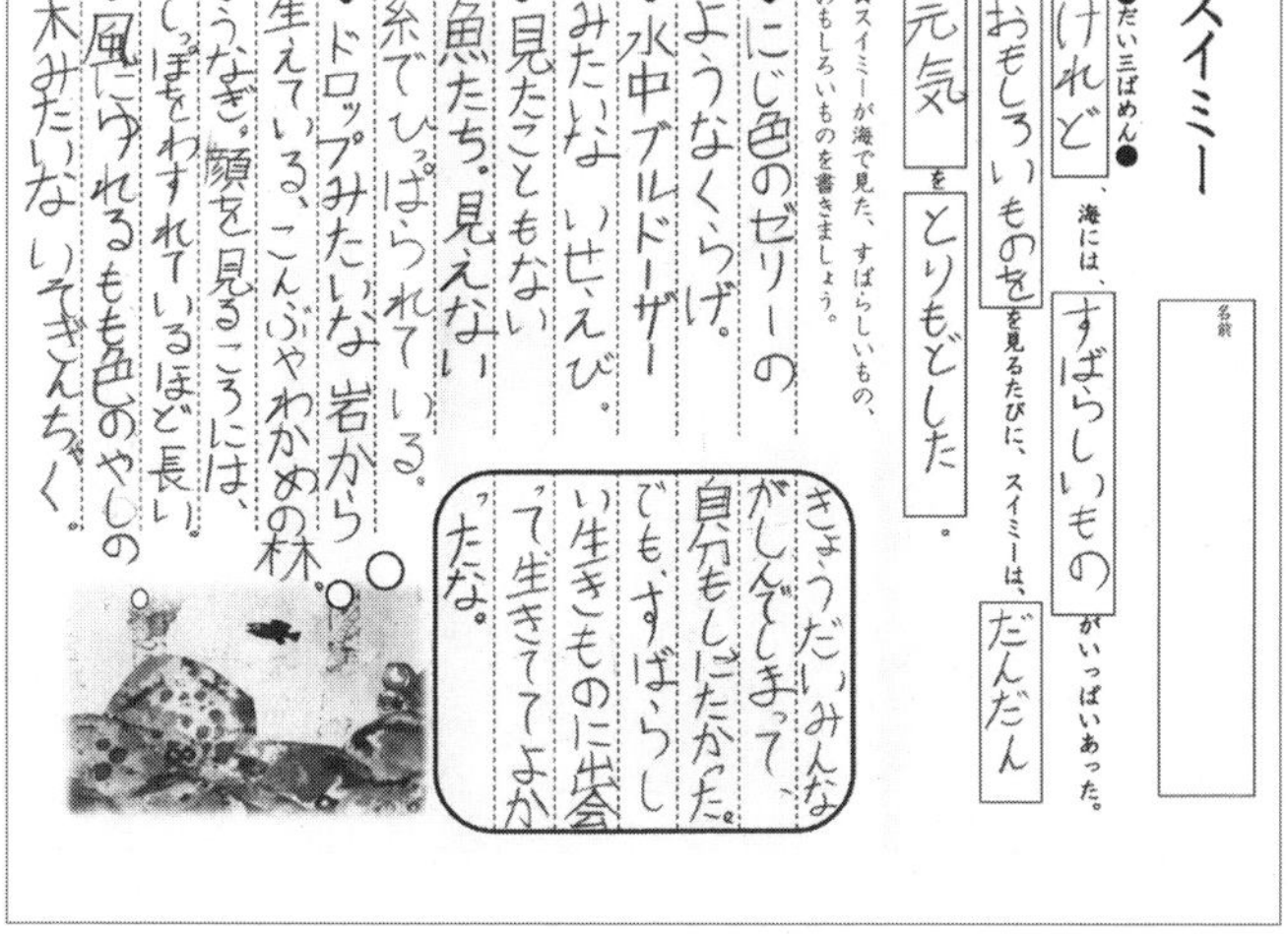

スイミー
名前
●だい三ばめん●
けれど、海には、すばらしいものがいっぱいあった。
おもしろいものを見るたびに、スイミーは、だんだん元気をとりもどした。
★スイミーが海で見た、すばらしいもの、おもしろいものを書きましょう。
・にじ色のゼリーのようなくらげ。
・水中ブルドーザーみたいないせえび。
・見たこともない魚たち。見えない糸でひっぱられている。
・ドロップみたいな岩から生えている、こんぶやわかめの林。
・うなぎ。顔を見るころには、しっぽをわすれているほど長い。
・風にゆれるもも色のやしの木みたいないそぎんちゃく。

きょうだいみんながしんでしまって、自分もしにたかった。でも、すばらしい生きものに出会って生きててよかったな。

【第6時】

■スイミーのふきだしカードを作る

前時に書いた学習シート④を見ながら、ふきだしカードを書きます。書き終えたらまわりを切り取って、模造紙にのりで貼ります（左ページ参照）。

この場面は、スイミーが元気を取り戻していくので、暖色系が多くなります。

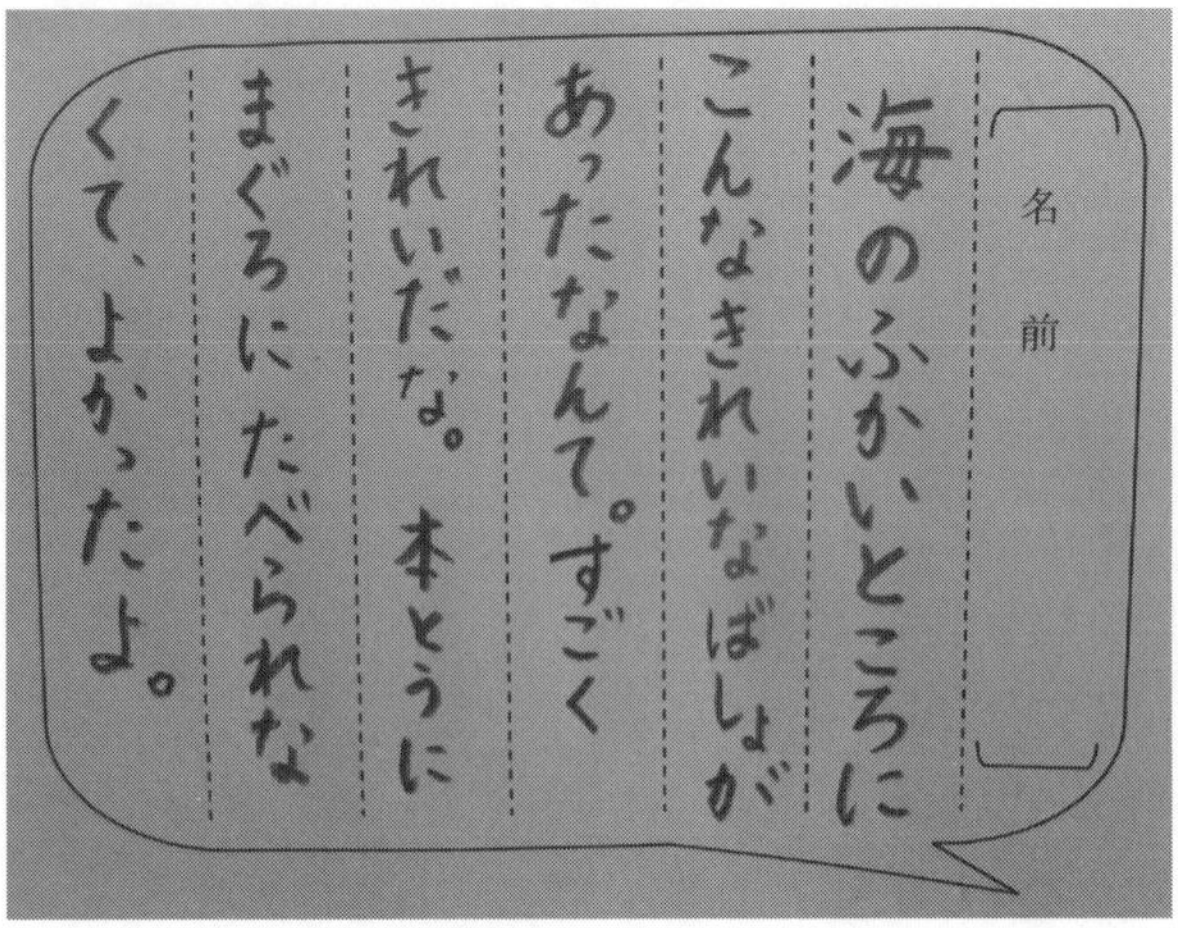
名前
海のふかいところに
こんなきれいなばしょが
あったなんて。すごく
きれいだな。本とうに
まぐろにたべられな
くて、よかったよ。

ふきだしの例

■海の中のすばらしいものを描く

海の中の生きものを選んで画用紙に絵を描きます。イメージしやすいように、くらげやいそぎんちゃくなどの写真を教室内に貼っておき、参考にさせます。絵を描いたら色を塗ります。

スイミーは、代表の子どもか先生が描きます。

模造紙のどこに絵を貼るかは、みんなで考えます。子どもたちは、『スイミーはおよいだ、くらい海のそこを。』と書いてあるから、下のほうにスイミーの絵をはりました。そして、生き物たちを模造紙にはっていきます。

子どもたちはよく考えていて、「こんぶの林は下だね」「くらげは上のほうを泳いでいる」と言いながらはります。

完成した模造紙は、まるで本当のスイミーの世界のようにすばらしいものでいっぱいで、子どもたちも「このなかを泳ぎたいなあ」「これだったら、スイミーも元気になるよね」とうっとりします。絵にすることで、より物語を理解し、物語に入り込むことができると考えます。

海の中の絵（模造紙に貼る）

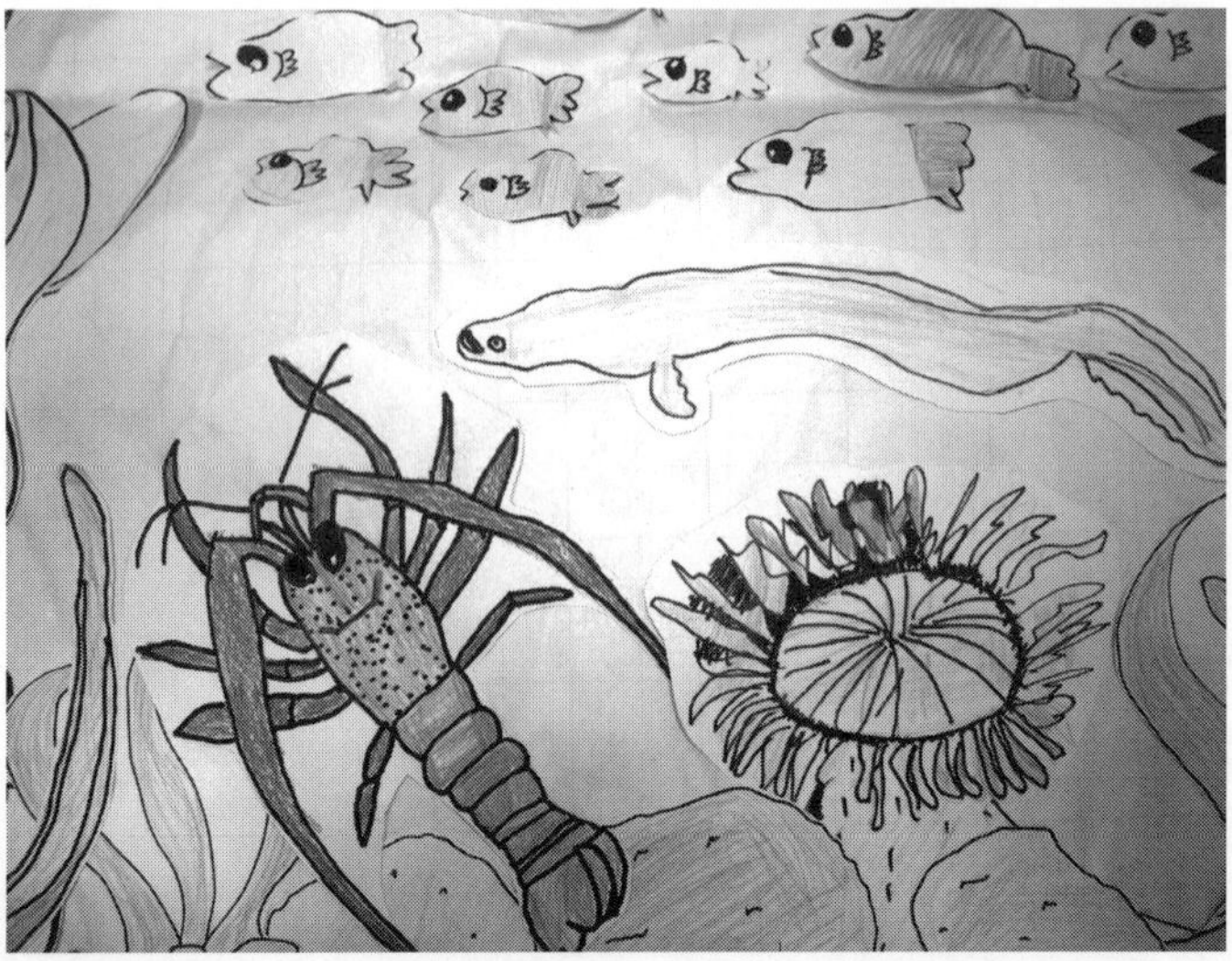

Point

みんなでつくる海の中の世界

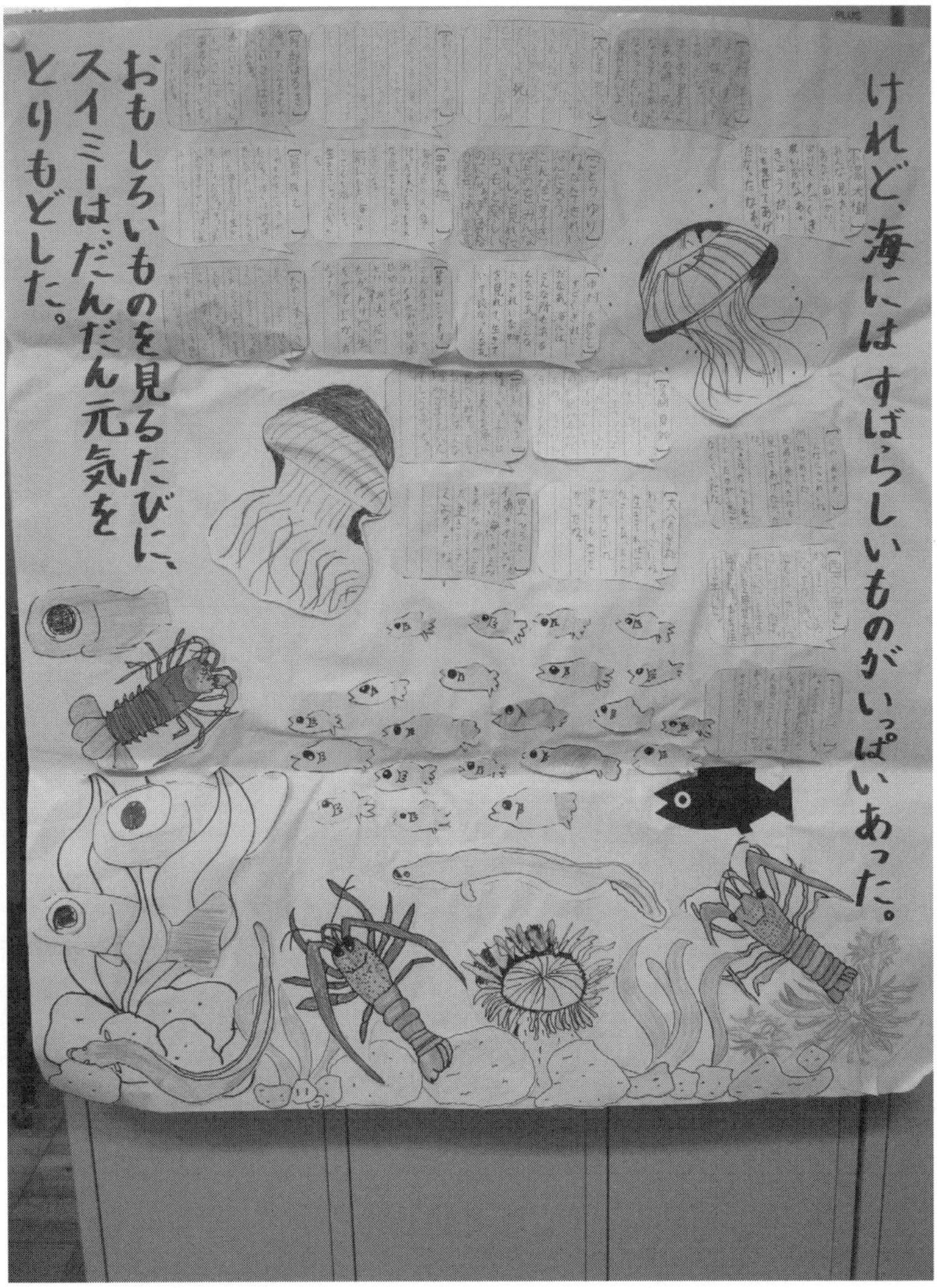
けれど、海にはすばらしいものがいっぱいあった。
おもしろいものを見るたびに、スイミーは、だんだん元気をとりもどした。

スイミーの気持ちをふきだしに書いたり、海のすばらしいものを絵にしたりすることで、スイミーの世界に入り込む

準備するもの

○海の色の模造紙一枚
（入りきらなければ二枚をつなげます）

○B5判程度の白の画用紙（人数分以上）
くらげやこんぶなどの絵を描きます。

○ふきだしカード（各色とも人数分以上）
ふきだしカードは水色、黄緑、クリーム色、ピンク、オレンジ色など寒暖色で何色か印刷します。子どもたちは、そのときのスイミーの気持ちに合った色を選んで書きます。すると、悲しい時には寒色、うれしい時には暖色が多くなり、視覚からも気持ちがわかります。
このふきだしカードは、ほかの物語文の学習にも使うことができます。

○くらげやいせえびの写真
絵を描くときの参考にします。

第7時

スイミーと小さな魚たちの様子や気持ちを読みとろう

【第四場面前半】

> **主な言語活動**
>
> ・スイミーと赤い魚たちのちがいを読みとり、学習シートに書く。
>
> ・くり返しの表現から、スイミーの強い願いを話し合う。

■スイミーのよろこびをとらえる

元気を取り戻したスイミーの様子や気持ちを振り返り、第四場面の音読をします。教科書を見ながら、学習シート⑤に視写をします。

冒頭の『そのとき』に着目させ、別のことが始まる場面であることに気づかせます。

「自分のきょうだいたちとそっくりな魚たちを見つけたスイミーはどう思ったでしょうか」

・うれしいな、もうひとりぼっちじゃない。

「スイミーのきょうだいたちとそっくりな魚たちは、どこにいたのですか」

・岩かげです。

挿絵で確認します。

「どうして、岩のかげにいるのでしょう」

・見つからないようにしています。

・大きな魚に食べられてしまうからです。

大喜びのスイミーとは対照的に、おびえている魚たちの様子を確認します。

■文末表現に着目し、気持ちの違いを読みとる

スイミーと魚たちの会話から、両者の気持ちの違いを感じ取っていきます。

「スイミーは、魚たちに何と言いましたか」

・『出てこいよ。みんなであそぼう。おもしろいものがいっぱいだよ。』

「スイミーは、どんな気持ちで言ったのですか」

・いっしょに遊びたい気持ち。

・この魚たちにもくらげやいせえびを見せてあげたいな。

「どこからそう感じますか」

・「出ておいで」じゃなくて、『出てこいよ。』だから、元気いっぱいで言った。

スイミーの気持ちになって、会話文を音読します。

同じように岩かげに隠れている魚たちの言葉も取り上げて、声に出して読み、スイミーとの気持ちの大きなちがいに気づかせます。そして、自分の見てきたすばらしい海の世界を、魚たちにも見せてあげたいというスイミーの思いを読みとらせます。

■繰り返しの表現から、スイミーの一生懸命さと願いを読みとる

『スイミーは考えた。いろいろ考えた。うんと考えた。』の部分を学習シート⑤に書きます。

「スイミーは、何を考えていたのでしょう」

・魚たちが岩のかげから外に出る方法。
・大きな魚に襲われない方法。

みんなで声に出して読み、書き方が変わっていることに着目させます。

『考えた』という言葉を三回繰り返したり、『いろいろ』や『うんと』という言葉を加えたりすることで、スイミーがすぐには思いつかず、長い時間懸命に熟考したことが伝わることに気づかせます。

「スイミーはたくさん考えた。」と比べてみると明確になります。

「どうしてスイミーは、そんなに一生懸命、長い時間をかけて考えたのでしょう」

・新しく見つけた友だちを絶対になくしたくないからです。
・みんなで楽しく遊びたいからです。
・もう仲間をまぐろに食べられたくないからです。

子どもたちは、このように、強い決意に支えられたスイミーの思いを発表します。

これらを、

みんなで、「仲よく安全に楽しく暮らしていくこと＝スイミーの願い」というように一般化していきたいものです。「みんなの願い」を実現するために、スイミーは考えたのです。その願いを妨げるもの、それがまぐろだったのです。

学習シート⑤（第四場面・考えるスイミー）

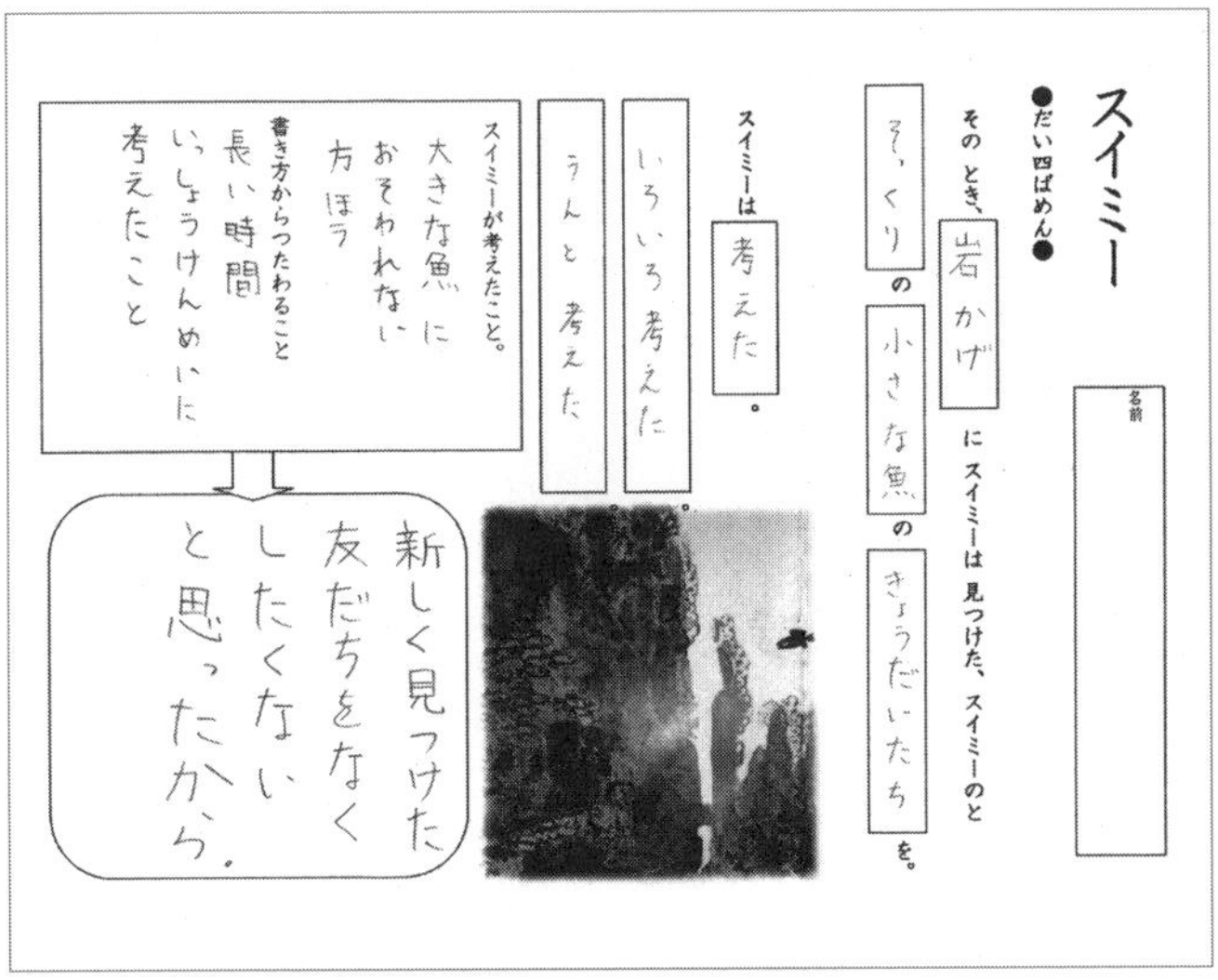
スイミー
名前
●だい四ばめん●
そのとき、岩かげ に スイミーは 見つけた、スイミーのと そっくり の 小さな魚 の きょうだいたち を。
スイミーは 考えた。
いろいろ考えた
うんと考えた
スイミーが考えたこと。
大きな魚におそわれない方ほう
書き方からつたわること
長い時間
いっしょうけんめいに
考えたこと
新しく見つけた友だちをなくしたくないと思ったから。

■まとめの音読をする
～役割読みを取り入れて～

この場面では、スイミーと魚たちの気持ちの明確な違いが表れているので、役割に分かれて音読をすることが効果的です。

三人グループで、ナレーター、スイミー、小さな魚の役に分かれ、グループごとに音読の練習をします。

何組かはみんなの前で発表します。

スイミーと赤い魚のお面

第8・9時 【第四場面後半～第五場面】

大きな魚を追い出したスイミーたちの気持ちを読みとろう

【第8時】

■スイミーの考えた作戦を確認する

一生懸命に考えているスイミーの様子を振り返り、第五場面を音読します。

「スイミーが、作戦を考えついたときの様子を学習シート⑥に書きましょう」

『とつぜん』の記述から、急にいい考えが思いついたことを理解させます。

「どんな作戦を思いついたのでしょうか」

・みんないっしょに泳いで、海でいちばん大きな魚のふりをする作戦です。

学習シート⑥に作戦を書きます。

「作戦を言ったときのスイミーの気持ちはどうだったでしょうか」

・いい考えが浮かんだぞ。

・これで大きな魚を追い出せるぞ。

「どの言葉からそう思いましたか」

・『そうだ。』と言っているから、やった、思いついたぞという感じがします。

・自信がある感じがします。

「どのように音読したらよいでしょうか」

・『さけんだ』と書いてあるから大きな声で。

・いい考えが思いついたという、うれしい感じもあると思います。

みんなで読んでから、何人かの子どもに指名して読んでもらいます。

主な言語活動

・スイミーの思いついた作戦をつかみ、大きな魚になる動作化をする。

・スイミーたちの様子を絵に描き、気持ちをふきだしに書く。

学習シート⑥（第五場面・スイミーの作戦）

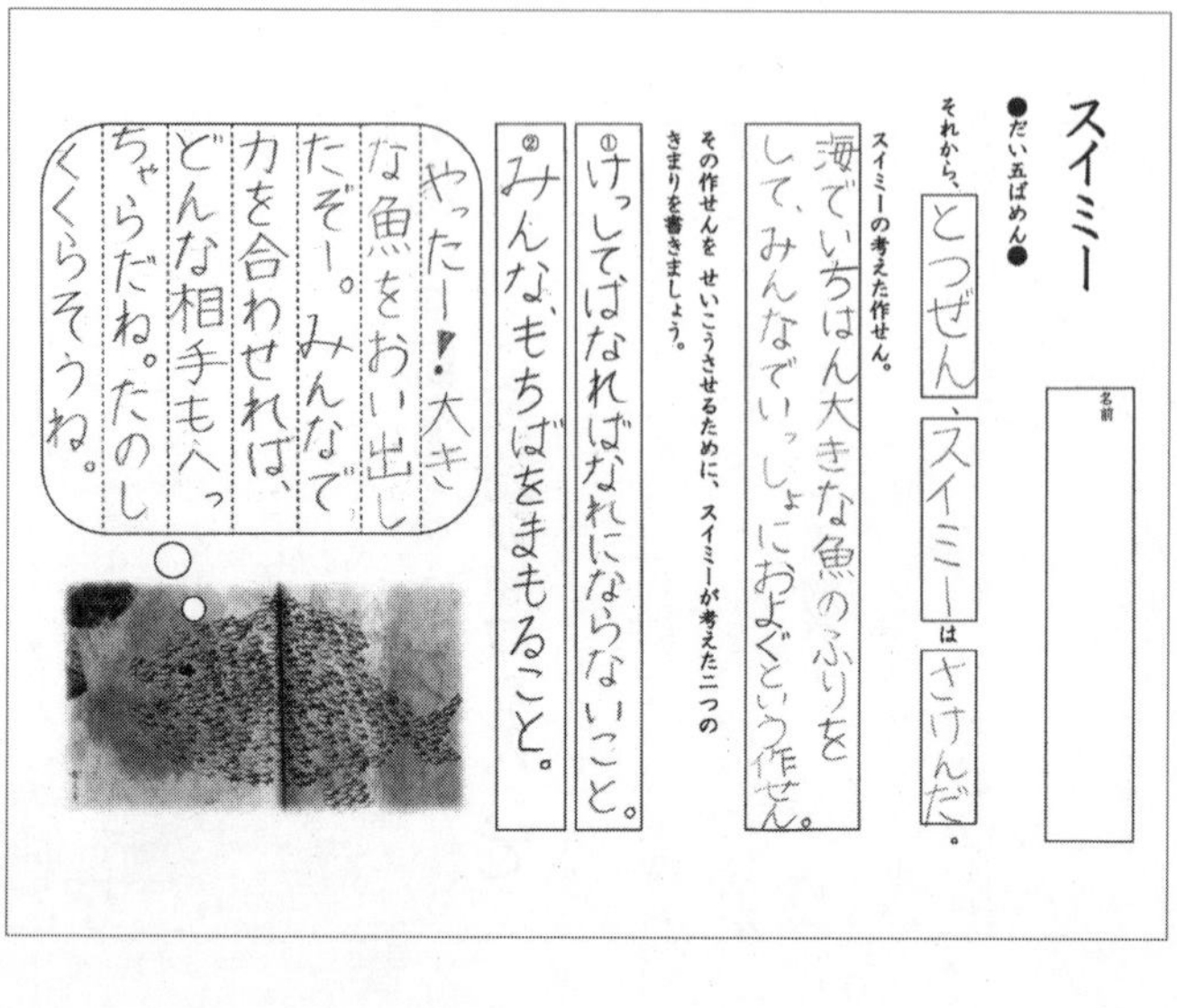

スイミー

名前

●だい五ばめん●

それから、とつぜん、スイミーはさけんだ。

スイミーの考えた作せん。

海でいちばん大きな魚のふりをして、みんなでいっしょにおよぐという作せん。

その作せんを せいこうさせるために、スイミーが考えた二つのきまりを書きましょう。

①けっしてばなればなれにならないこと。

②みんなもちばをまもること。

やったー！大きな魚をおい出したぞー。みんなで力を合わせれば、どんな相手もへっちゃらだね。たのしくくらそうね。

■作戦を成功させるためのきまりを確認する

「作戦を成功させるためのきまりは何でしょうか」

・『けっして、はなればなれにならないこと。』

・『みんな、もちばをまもること。』

この二つを学習シート⑥に書かせます。そして、二つのきまりを具体的に考えていきます。

「『けっして』とはどういう意味ですか」

・絶対に。

「どうして絶対に離れてはいけないのでしょうか」

・離ればなれになると、大きな魚みたいに見えないからです。

「**『もちばをまもる』**とはどういう意味ですか」

・自分の場所にちゃんといる。

・しっぽの場所とか、口の場所とか、自分の場所にちゃんといなければいけない。

持ち場の部分では、運動会の表現運動などの様子を思い出させ、自分たちの経験とつなげさせるようにします。

「一ぴきでも持ち場を守れないとどうなるのですか」

・大きな魚に見えません。

・大きな魚にうそと気づかれて、襲われてしまいます。

この二つのきまりがきちんと守れないと、大きな魚のふりができず、逆に気づかれて、襲われてしまうかもしれないことを理解させます。

挿絵からも、口やひれ、尾などまで表現していること、みんな同じ方向を向いていることに気づかせることができます。

■小さな魚を作って、動かす

一人ひとり、赤い画用紙で魚を作って、動かしてみたり、魚を持ってクラス全員で大きな魚を作ってみたりするのもよいでしょう。この活動をすると、スイミーたちが大きな魚を作るのは、非常にたいへんだということが実感できます。

動作化の際に持つ魚

【第9時】

■大きな魚になりきるまでの様子を読みとる

「『みんなが、一ぴきの大きな魚みたいにおよげるようになったとき』と書いてありますが、どのくらいで、できるようになったのでしょうか」

・『およげるようになったとき』と書いてあるから、大きな魚みたいに泳げるようになるまで何度も練習しました。

・何時間もかかりました。

・この前やってみて難しかったから、スイミーたちもうんと練習したと思います。

「何度も何度も長い時間練習をして、大きな魚のように泳げるようになったのですね」

「ようやく大きな魚のように泳げるようになったとき、スイミーは何と言いましたか」

・『ぼくが、目になろう。』

「どうして、スイミーは自分が目になろうと言ったのでしょうか」

・スイミーだけが真っ黒だから、目になれるからです。

スイミーが目になって、ほかの魚たちをリードしたことをつかませます。また、一匹だけみんなと違うスイミーにも自分の特徴を生かした持ち場があるということに気づかせます。

スイミーになりきって「ぼくが目になろう」を音読します。

『あさのつめたい水の中を、ひるのかがやくひかりの中を、みんなはおよぎ』に注目させます。海の世界のすばらしさを「あさの水」「ひるの光」でスイミーたちは感じているのです。それは、新しいすばらしい世界を手に入れたことを意味しています。

■追い出したときの魚たちの気持ちを書く

「スイミーたちは、大きな魚をどうしましたか」

・追い出しました。

『おい出した』とは、どんな様子でしょうか」

・追いかけていって、遠い所まで行かせる。

・えーい！　と思いっきり体当たりしたような感じです。

「どうして追い出せたのでしょうか」

・スイミーたちが上手に泳いだから、大きな魚は、自分よりも大きな魚が来たと思って逃げました。

「大きな魚を追い出したときのスイミーの気持ちはどうだったでしょうか。学習シート⑥に書きましょう」

スイミーの気持ちだけでなく、小さな魚たちの気持ちを書きたい子どもがいれば書いてもかまいません。

・ついにやったぞ。大きな魚を追い出した。これで、みんなと楽しくくらせるぞ。

・スイミーありがとう。もうこわがらないでみんなで海でくらせるね。

ふきだしを発表したら、第五場面の様子が表れるように、まとめの音読をします。

■大きな魚になったスイミーたちの様子を絵にする

前時に作った小さな赤い魚を模造紙に並べて、大きな魚を作ります（12ページ参照）。そのまわりに、第六時と同じようにふきだしカードを貼ります。

模造紙にあらかじめ教師が大きな魚の線を薄く引いておくと、子どもたちは貼りやすくなります。

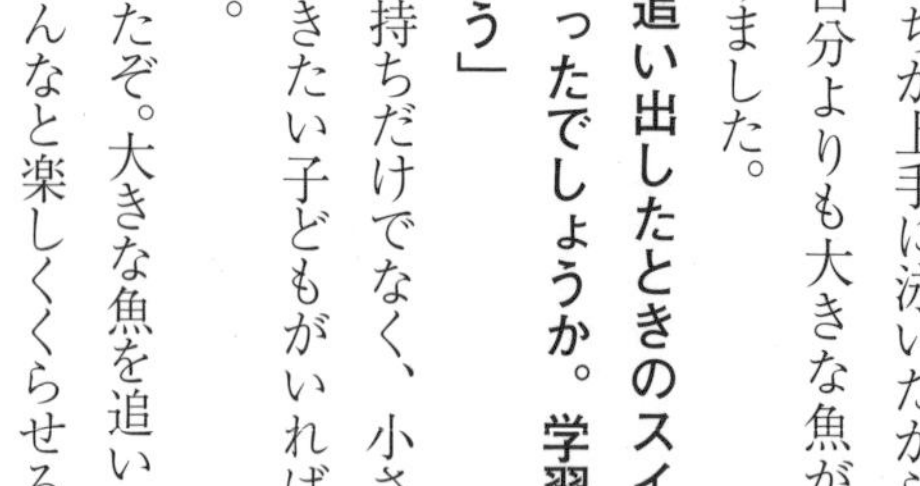

けん馬
やったー。大きな魚をやっつけた。あきらめないで何回もれんしゅうしてよかったね。きっとぼくたちは、大きな大きな魚に見えたんだ。

ふきだしの例

第10・11・12時

学習のまとめをしよう

■スイミーに手紙を書こう（1時間）

子どもたちは、最初に読んだときよりも、スイミーへの思いが深くなっているはずです。スイミーの勇気・賢さ・ひたむきな気持ちに心を打たれた子もいるでしょう。そんな思いを、スイミーへの手紙につづります。

○手紙の書き方

子どもたちに家からお気に入りの封筒と便せんを持ってきてもらいます（難しい場合には、こちらで準備します）。そして、便せんにスイミーへの手紙を書き、封筒のなかに入れます。封筒には、「スイミーへ」とあて名を書き、差出人の自分の名前も書きます。

○手作りポストに投函

全員が手紙を書いたら、ポストに投函します。ポストは段ボールなどで作ります。

投函したあとは、自由にポストから手紙を取り出して、友だちの書いた手紙と交換して読み合います。

■音読発表会をしよう（3時間）

読み方の工夫についても学習してきたので、音読発表会をするのもよいでしょう。次のような手順で行います。

①五人程度のグループをつくり、担当の場面を決めます。

②自分の担当する場面をどのように読んだらよいか考えて練習をします。

③グループで音読の練習をします。このときには、みんなで小さな輪になり、読み方のアドバイスをしながら行います。

④全体で発表会をします。

⑤聞いていた子どもたちが、そのグループの上手だったところを発表します。

グループごとに、お面やペープサートなどを作ると、意欲的に音読に取り組むことができます。

■レオ＝レオニのほかの話を読もう（2時間）

レオ＝レオニさんの書く作品は、スイミーのほかにも、すばらしいものがたくさんあります。学級文庫に何冊か置くとよいです。また、読み聞かせをすることで、子どもたちが目を輝かせて、聞き入ります。（山本　瑠香）

主な言語活動

・スイミーに手紙を書く。
・音読発表会をする。
・レオ＝レオニのほかの作品を読む。
※三つのなかから選択します。

2 キーワードから登場人物の思いを読みとる

「お手紙」

アーノルド=ローベル 作、三木卓 訳
（光村図書・二年下／学校図書・二年下／東京書籍・二年上）
＊使用教科書・光村図書

人物の言動や描写から、人物の思いを読みとり、人物に対する自分の考えを書く。

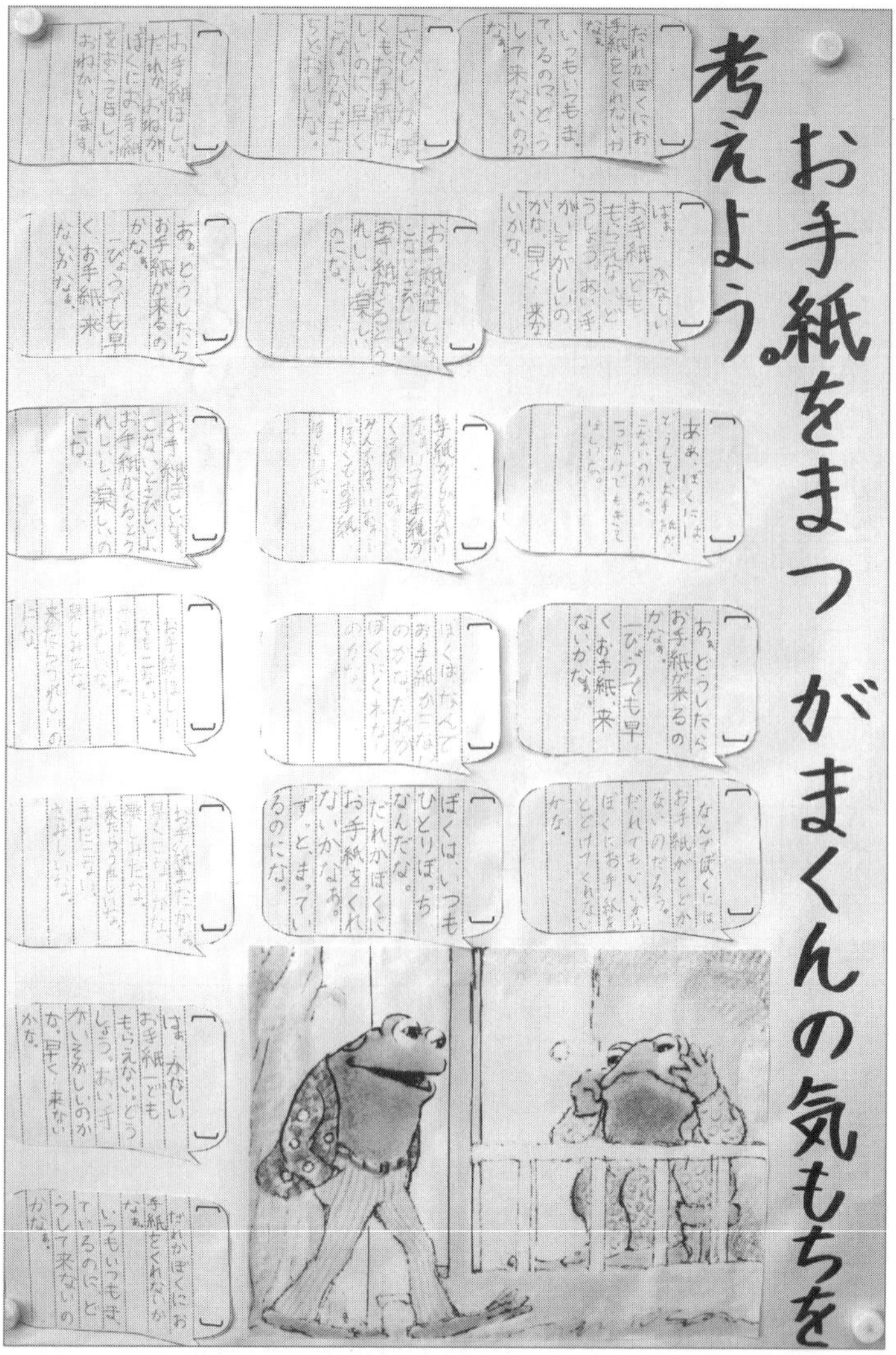

がまくんの不幸せな思いをふきだしに書く。（第２時）

ねらいと学習の重点

人物の気持ちは、会話や行為の中に表現されています。この作品では、特に会話の中にそれが表されています。また、会話と行為を読みとることで、二人の関係をつかむことも重要です。そうすることで、がまくんとかえる君の関係の中で思いがわいてくるという読みができるでしょう。「友情」とは、そういうものです。あわせて、「人物」の性格も会話や行為の中に見出していくことになります。

二人の気持ちや関係が分かる言葉を見つけ、それに対して「わかること」「思ったこと」などを書かせること、交流しあうことで、読みは深まります。

また、くり返しの表現や文末表現、省略表現などにも注目しつつ、文章のもつリズムを感じさせるような音読も取り入れていきます。

■学習指導計画【13時間】

時	学習内容	学習活動
1	「お手紙」の全文を読もう	○題名の「お手紙」について自分の経験を話し合う。 ○全文を読み、内容をつかむ。 ○それぞれの会話文について、話し手がだれであるか正しくとらえる。
2	手紙を待つがまくんの気持ちを考えよう	○がまくんが手紙をもらったことがないことを読みとり、がまくんの気持ちを想像する。 ○がまくんの気持ちが表れるように役割読みをする。
3	がまくんの話を聞いたかえるくんの気持ちを考えよう	○親友のがまくんといっしょになって悲しむかえるくんの気持ちを読みとる。 ○かえるくんの気持ちが表れるように役割読みをする。
4 5	がまくんに手紙を書くかえるくんの気持ちを考えよう	○かえるくんの行動から、気持ちを考える。 ○かえるくんとかたつむりくんの気持ちが表れるように役割読みをする。
6 7 8	会話文から、がまくんとかえるくんの気持ちを考えよう	○会話文や行動の記述から、あきらめはじめているがまくんと、何とか手紙を待たせたくて焦るかえるくんの気持ちを想像する。 ○二人の気持ちが表れるように役割読みをする。
9	手紙を書いたことを話すかえるくんとそれを聞いたがまくんの気持ちを考えよう	○短い言葉に込められた、がまくんのおどろきと気持ちを話し合う。
10	手紙を待つ二人の気持ちを考えよう	○手紙の内容を書き写し、二人の気持ちを考える。 ○これまでとは違い、長い間待ち続けても幸せな二人の様子を想像する。 ○動作化を入れて役割読みをする。
11	手紙が届いたときの二人の気持ちを考えよう	○今までの過程や展開から、手紙が届いたときの二人の気持ちを考える。 ○一人で音読をする。
12 13	がまくんとかえるくんに手紙を書こう	○がまくんやかえるくんに手紙を書く。 ○書いた手紙を友だちと読み合う。

授業展開

第1時

「お手紙」の全文を読もう

主な言語活動

・自分がもらった手紙を家から持ち寄り、手紙についての経験を話し合う。
・全文を読み、話のあらましをつかむ。

■手紙を持ってきて、話し合う

家から持ってきた手紙を互いに見せ合ったり、そのときの思いを話し合ったりします。

・ぼくは、おばあちゃんにもらいました。もらったとき、うれしくなりました。すぐにお返事を書いたら、おばあちゃんも喜んでくれました。

■全文を読む

先生が範読してから子どもたちに読ませます。低学年では、まだたどたどしく読む子どもも多いので、音読はたくさんさせるように意識します。

■誰の会話文なのかを確認する

「お手紙」は翻訳文です。その特徴が会話文に出ており、話し手が誰であるかがわからない子どもも出てきます。ですから、誰が言っているのかをしっかりと確認していきます。

教科書の会話文の一番上に、登場人物によって色分けしたシールを貼ります。

- がまくん………オレンジ色
- かえるくん………緑色
- かたつむりくん…黄色　など

・「どうしたんだい、がまがえるくん。きみ、かなしそうだね。」
・「うん、そうなんだ。」

■初発の感想を書く

貼ったあとで音読しながら会話文の「主語」を確認していきます。そのあとで、感想を書きます。

初発の感想

はじめて読んだかんそう
がまくんが、お手紙をもらえたので、よかったなと思いました。かえるくんは、がまくんのために、お手紙を書いてあげてやさしいです。
でも、かたつむりくんがゆっくりだから、なかなかお手紙が来なかったところは、ちょっとかわいそうでした。

Point

「お手紙」の授業の基本的な流れ

①学習場面を音読する

授業のはじめは内容をしっかりとおさえるために、教師の範読か何人かに指名して、交代しながら読むのがよいでしょう。そのあとは、一人ひとりのペースで読みます。

②課題をノートに書く

その時間の課題を、教師が板書し、子どもたちはそれを見て、ノートに書きます。課題は、赤で囲むなどわかりやすくしてから、全員で声に出して読み、確認します。

③課題の手がかりとなるキーワードにサイドラインを引く

教科書にサイドラインを引かせます。このときに引かせるのは文ではなく、言葉に着目させます。課題が、「お手紙を待つがまくんの気持ちを考えよう」でしたら、キーワードは、

・悲しいときなんだ
・不幸せな気持ち

といった言葉になるでしょう。

「すぐやるぜ」「くれなかったんだぜ」といった会話文の文末表現にも、感情は表れています。ここにも注目させてサイドラインを引かせます。

がまくんの思いの表れているキーワードには、オレンジ色の線というように、線の色は、会話文のシールの色と同じ色にすると、わかりやすいでしょう。

本文の拡大コピーを板書して確認していくことで、どの子も参加していきます。

④キーワードをノートに書き、そこから考えたことや想像したことを書く

サイドラインを引いたキーワードをノートに書き写し、その言葉から自分が考えたことや感じたことを書きます。

言うなよ

言葉遣いが乱暴なので、がまくんは、怒っています。

というように考えた理由もはっきりと書かせます。

⑤意見の交流をする

四〜五人のグループや全体で、ノートに書いたことを話し合います。いいなと感じた友だちの意見は、自分のノートに書き足します。

⑥ふきだしとまとめの音読

登場人物のふきだしを書きます。場面によっては、がまくんとかえるくんのどちらかを選んで書かせてもよいでしょう。スイミーの学習のように、色別のふきだし用紙を使って、模造紙に貼る活動を行うこともできます。最後にまとめの音読をします。

第2時

手紙を待つがまくんの気持ちを考えよう

最初～「……ふしあわせな気もちになるんだよ。」

主な言語活動

・キーワードにサイドラインを引きながら、気持ちを読みとる。
・想像したことを交流する。

■主語・述語・場所をおさえる

学習範囲の音読をしたあと、一文ずつ、書かれていることを理解していきます。

「誰の話ですか」

・がまくんです。

「がまくんは、どうしていましたか」

・『げんかんの前にすわっていました。』

玄関の前、外であることを確認します。書かれていることが理解できて初めて、そこからイメージをふくらませて考えられるようになります。

■がまくんとかえるくんを挿絵で確認する

最初の挿絵を見て、どちらががまくんで、どちらがかえるくんかを確認します。子どもたちは、「かえるくんはおしゃれだ」「背が高い」「がまくんは落ち込んでいる」などいろいろなことに気づきます。

■がまくんの気持ちを考える

「がまくんは、げんかんの前にすわって何をしているのでしょうか」

・手紙を待っています。

必ず、どこの記述からそう考えたかを問いかけます。そうすることで、子どもたちは一つひとつの言葉にこだわって読むようになりますし、記述から離れた考えが出なくなります。

・次のところに『手紙をまつ時間なんだ。』と書いてあるからです。

> 課題「手紙をまつがまくんの気もちを考えよう」

課題を板書し、ノートに書かせます。課題を全員で声に出して読みます。

「がまくんの気持ちが表れている言葉を探して、オレンジ色でサイドラインを引きましょう」と言って、キーワードを探させます。

ここでは、『ふしあわせ』『かなしい』などが挙がるでしょう。

サイドラインを引いたらノートに書き写

し、そのキーワードから想像できる人物の気持ちや人柄、感じたことや考えたことを書きます。

　早く終わった子どもは、二つ目を書きます。

　疑問に思ったことは、ノートに書き出しておき、あとで全体で考えることにします。

■想像したことを交流する

○グループでの交流
　机を班の形にして、グループのなかで一人ずつ順番に自分の考えを発表する方法です。
・キーワードは『とてもふしあわせ』にしました。不幸せというのは、幸せの反対で、しかも、『とても』と書いてあるので、手紙をもらったことのないがまくんは、すごく悲しくて泣きそうなくらい悲しいのだと思いました。
　グループでの交流のよさは、全員が発表できることです。

○全体での交流
　グループ交流をしたあとに、グループの意見をまとめ、全体での交流をします。

　交流のときには、友だちのよい意見を自分のノートに付け足して書かせるようにします。

■疑問は、全員で解決する

　物語を読んでいくなかでもった疑問はみんなで考えます。
・どうしてがまくんは、家の中ではなくて、玄関の外で待っているのだろう。
　書いた疑問は、交流のときに出すようにします。
・手紙が来たらすぐわかるように。
・家の中では待てないくらい、手紙を楽しみにしている。一度ももらったことがないから、すごくすごく手紙がほしい。
　このように、疑問を考えるなかで、読みを深めることができます。

■がまくんのふきだしを書き まとめの音読をする

　ノートに、手紙を待つがまくんの気持ちをふきだしに書いて発表します。「スイミー」の時と同じように色画用紙のふきだしカードに書いて、模造紙に貼る活動をすることもできます（30ページ参照）。

　最後にまとめの音読をします。

ノート例①

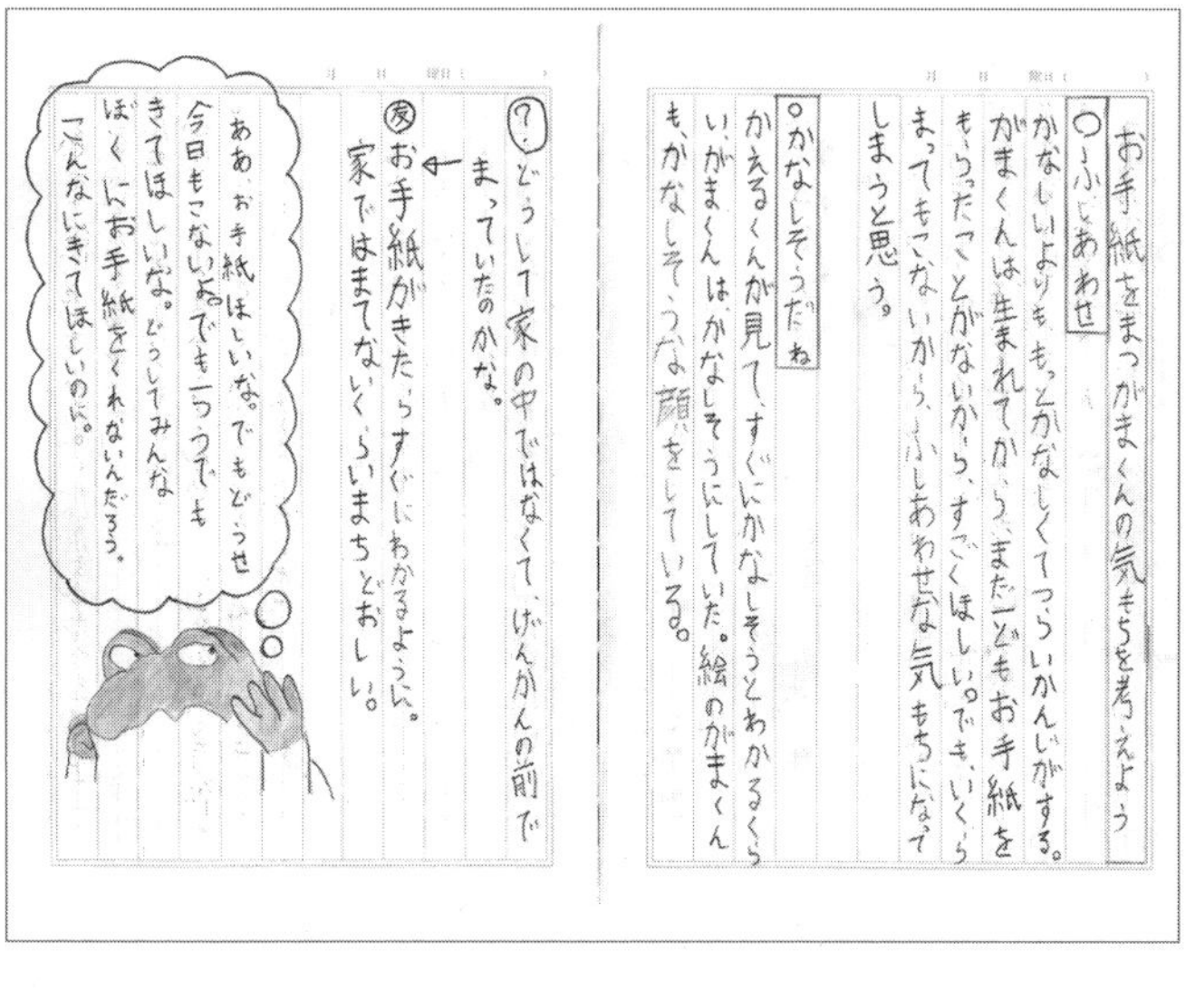
お手紙をまつがまくんの気もちを考えよう
○ふしあわせ
かなしいよりも、もっとかなしくてつらいかんじがする。
がまくんは生まれてから、また一どもお手紙をもらったことがないから、すごくほしい。でも、いくらまってもこないから、ふしあわせな気もちになってしまうと思う。
○かなしそうだね
かえるくんが見て、すぐにかなしそうとわかるくらい、がまくんはかなしそうにしていた。絵のがまくんも、かなしそうな顔をしている。

?どうして家の中ではなくて、げんかんの前でまっていたのかな。

家お手紙がきたらすぐにわかるように。

家ではまてないくらいまちどおしい。

ああ、お手紙ほしいな。でもどうせ今日もこないよ。でも一つでもきてほしいな。どうしてみんなぼくにお手紙をくれないんだろう。こんなにきてほしいのに。

Point 音読の工夫②

授業の最後には、音読をします。読み取ってきたかえるくんとがまくんの気持ちを音声で表現することで、理解と表現を一体化させることがねらいです。

「お手紙」の音読は、三人を一組にして行います。音読順番ルーレットを作り、どの子もかえるくん、がまくん、地の文が読めるようにします。

はじめは、三人が集まって、グループごとに音読をします。その際に、ただすらすら読めればいいのではなく、友だちの読みについてのアドバイスをするように伝えます。

・かえるくんは、がまくんを心配しているからもう少し、心配そうに言ったほうがいいよ。

上手になったところも認め合います。

・さっきより、がまくんの悲しい感じが出ているよ。

三人組は固定にします。固定することで、自分たちの音読をよくしたいという結束が強まりますし、安心してアドバイスを言い合えるようです。

一定の練習時間を終えたら、いくつかのグループが、みんなの前で音読を発表します。

音読ルーレットの作り方

音読ルーレットは、掃除当番表のように、円形の厚紙二枚を重ね、ピンや画びょうでとめて作ります。

音読ルーレット

番号の書いてある紙を、1時間ごとに動かし、毎時間違う役を担当できるようにします。ルーレットは、黒板や掲示板にはり、みんなが見えるようにします。

番号の書いてある紙を、一時間ごとに動かし、毎時間違う役を担当できるようにします。ルーレットは、黒板や掲示板にはり、みんなが見えるようにします。

三人組のなかで、一人ずつ1~3の番号を決めておきます。第2時のまとめの音読の時には、1の子は、がまくんの会話文、2の子は、かえるくん、3の子は、地の文を読む担当にします。第3時では、番号の紙を一ます動かして、1の子はかえるくん、2の子は地の文、3の子はがまくんになります。

このように、どの子も、まんべんなく役ができるようにします。

第3時

「そりゃ、どういうわけ。」～ふたりとも、かなしい気分で、げんかんの前にこしを下ろしていました。

がまくんの話を聞いたかえるくんの気持ちを考えよう

主な言語活動

・がまくんの話を聞き、友だちのがまくんの悲しみを自分のことのように考えるかえるくんの気持ちをふきだしに書く。

■不思議に思うかえるくんの気持ちを読みとる

がまくんが、悲しい気持ちで玄関の前でお手紙を待っていたことを振り返り、学習範囲の音読をします。

「かえるくんは、どうして『そりゃ、どういうわけ。』とたずねたのでしょうか」

・普通は、手紙を待つときは、楽しいのに、どうしてがまくんは不幸せなんだろうと不思議に思ったからです。

手紙を待つのは、普通はわくわくするものなのに、そうでないがまくんの様子を不思議に思うかえるくんの気持ちを想像します。

「不思議に思っていたかえるくんは、がまくんの話を聞いて、どう思ったのでしょう」

課題「がまくんの話を聞いたかえるくんの気もちを考えよう」

課題をノートに書き、かえるくんの気持ちがわかるキーワードに緑のサイドラインを引きます。

「かえるくんの気持ちがわかる言葉は何でしょう」

・『ふたりとも、かなしい気分で』です。

「そうですね、かえるくんも悲しくなったのですね。では、どこのところで悲しくなったのでしょう。かえるくんが悲しくなった言葉を見つけて、緑の線を引きましょう。」

ここでは、がまくんの言葉に線が引かれることになるでしょう。それをもとにして話し合い、かえるくんの気持ちが変化する様子をとらえます。

・『ああ。いちども。』…つらそう。ひとりぼっちだと思っている。

・『空っぽさ。』…いつ見てもお手紙が来ていないから悲しい。がっかりしている。

・『空っぽさ。』『そのためなのさ。』…「さ」と言っているのがさみしそう。

はじめは不思議がっていたかえるくんも、がまくんの言葉を聞き、悲しくなるのです。なのでここでは、がまくんの言葉や様子がキーワードになります。

「かえるくんは、どうしてがまくんと一緒に玄関の前に腰を下したのだと思いますか」

・一緒にそばにいて、慰めたいと思った。

・がまくんを放っておけないと思った。

がまくんの悲しみを自分のものとして考え、いっしょにいることで何とか慰めようとするかえるくんの優しさを読みとらせます。

ノート例②

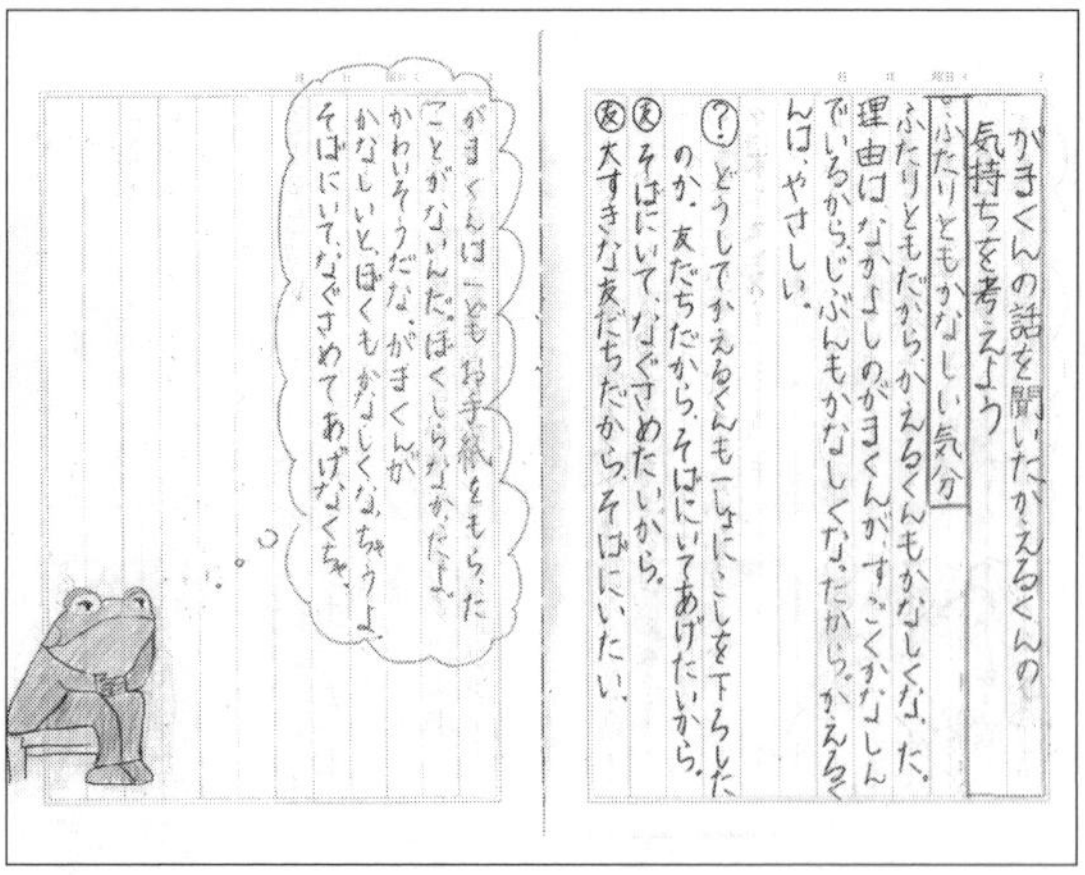

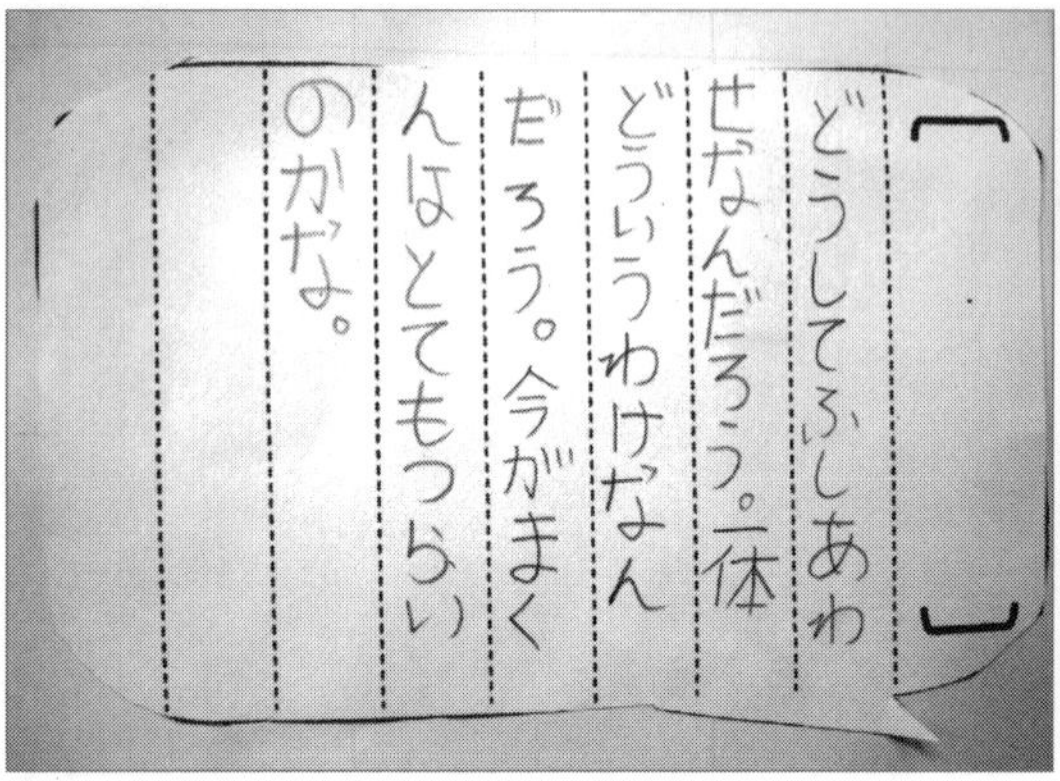

ふきだし例

音読時のお面

■ふきだしを書き、まとめの音読をする

かえるくんの気持ちをふきだしに書きます。

・がまくんは、一度も手紙をもらったことがないんだ。ぼく知らなかったよ。
・そばにいて慰めてあげなくちゃ。

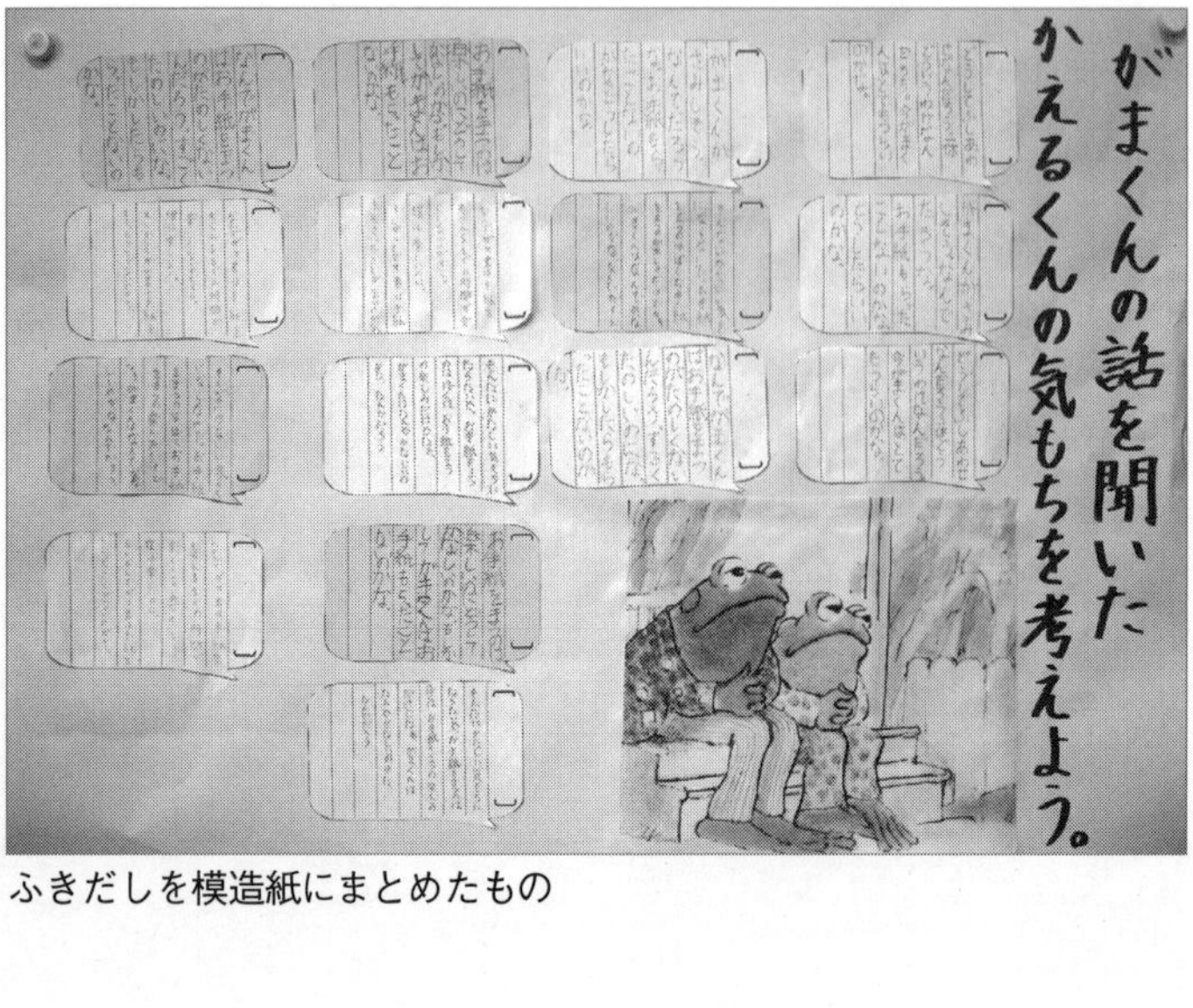

ふきだしを模造紙にまとめたもの

第4・5時

すると、かえるくんが言いました。～がまくんの家へもどりました。

がまくんに手紙を書く かえるくんの気持ちを考えよう

【第4時】

■手紙を書くことを思いついたかえるくんの気持ちを考える

二人とも悲しい気分で、玄関の前に腰を下ろしていたことを振り返り、学習範囲の音読をします。

「かえるくんは、何と言いましたか」

・『ぼく、もう家へ帰らなくっちゃ、がまくん。しなくちゃいけないことがあるんだ。』

「『しなくちゃいけないこと』って何でしょうか」

・がまくんに手紙を書くことです。

「どうして、がまくんに手紙を書くからと言わなかったのでしょう」

・ひみつにしておいて、手紙が届いたほうが、がまくんが喜ぶからです。

「かえるくんは、腰を下ろしてから、すぐに言ったのですか」

・すぐではありません。

「どうしてそう思いますか」

・『すると』と書いてあるから、少ししてから言いました。

・最初は、がまくんかわいそうだなと思って一緒に腰を下ろしていたけれど、そうだ、ぼくが書けばいいと思いついたからです。

「腰を下ろしているうちに、手紙を書くことを思いついたのですね」

「かえるくんは、どんな声で言ったのでしょうか」

主な言語活動

・音読してから、かえるくんが急ぐ理由と気持ちをふきだしに書く。（第4時）

・かえる君とかたつむり君の気持ちを書く。（第5時）

・大きな声で。

・いいことを思いついた感じで。

・ちょっとうれしそうに。

・でも、あんまりうれしそうにすると、がまくんに気づかれちゃうから。

実際に声に出して『ぼく、もう家へ帰らなくっちゃ、がまくん。……』の文を読みます。

課題「がまくんにお手紙を書くかえるくんの気もちを考えよう」

課題をノートに書きます。かえるくんの気持ちなので、キーワードに緑色でサイドラインを引きます。

自分の考えを書いたら、交流をします。

ここでは、「大いそぎ」「とび出す」がキーワードとして挙がります。どちらも、一刻も早く手紙をがまくんに届けて喜ばせたいというかえるくんの気持ちが表れています。

■大急ぎの理由を考える

「かえるくんは、どうしてそんなに急いで家に帰って、手紙を書いたのでしょうか」と問いかけ、その理由をノートに書かせます。

・がまくんに早くお手紙を届けたいからです。

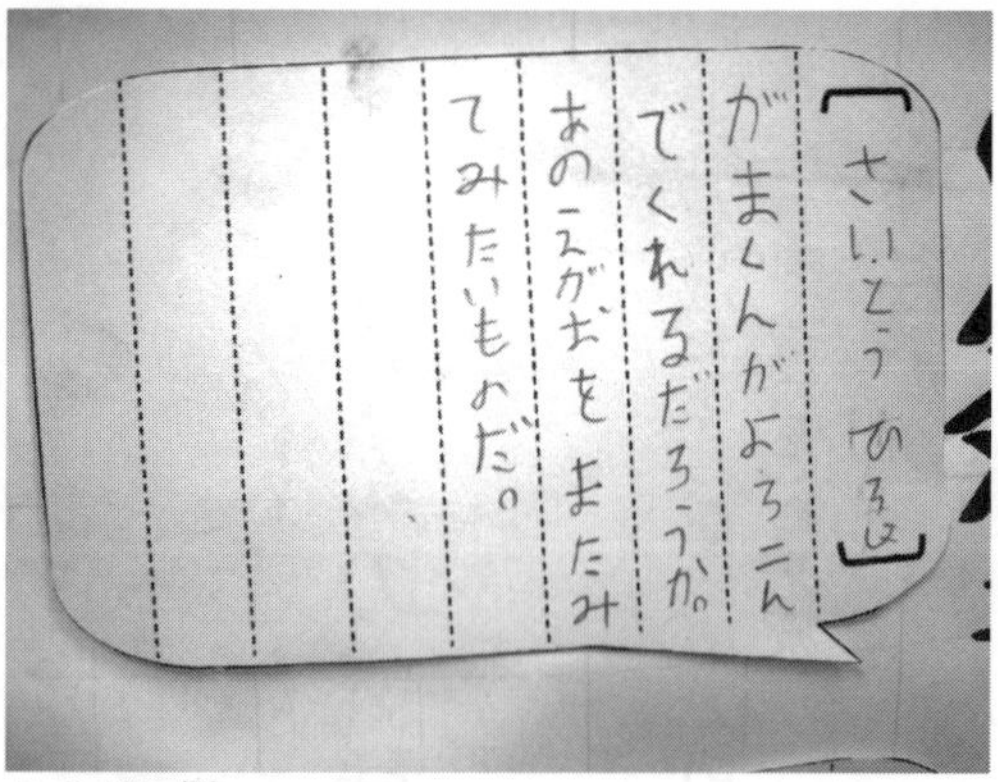

ふきだし例

・早く喜ぶ顔が見たいからです。

・もうがまくんを悲しませたくないからです。

■ふきだしを書き、まとめの音読をする

急いで帰り、がまくんに手紙を書くかえるくんの気持ちをふきだしに書きます。

音読では、『えんぴつと紙を見つけました。』から、『知り合いのかたつむりくんに会いました。』までの文章が、短い文が連なっていることを感じ取らせ、急いでいる気持ちを表現していることに気づかせます。

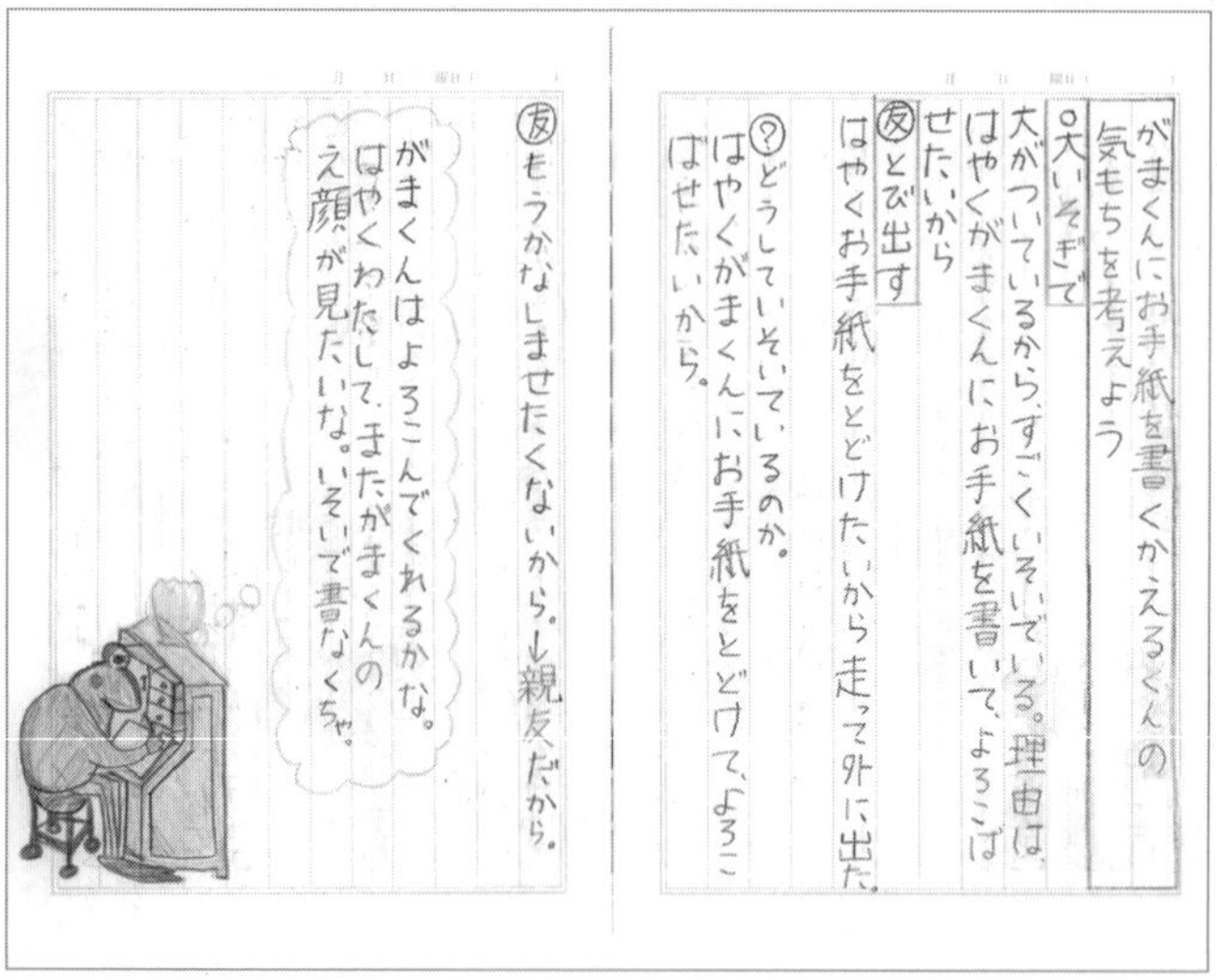

ノート例③

ふきだしを模造紙にまとめたもの

【第5時】

■手紙をかたつむりくんに頼むかえるくんの思いを想像する

かえるくんが大急ぎでがまくんへの手紙を書いたことを振り返り、学習範囲の音読をします。

「家を飛び出したかえるくんは、だれに会いましたか」

・『知り合いのかたつむりくん』です。

『知り合い』の意味を確認し、二人は以前から知っている仲であることをとらえます。

「かえるくんは、かたつむりくんに何と言いましたか」

かえるくんが何と言ったかを確かめます。

「ここで、疑問に思った人はいませんか」

・どうして急いでいるのに、かえるくんは足の遅いかたつむりくんにお願いしたのか不思議に思いました。

「確かにそうですね。どうしてかえるくんはかたつむりくんに頼んだのか、みんなで考えてみましょう」

・『知り合い』と書いてあるから、かえるくんはかたつむりくんと仲よしだから、信用して頼んだと思います。

「でも、仲よしだったら、かたつむりくんが足の遅いことはわかっているのではないですか」

・かえるくんは、かたつむりくんが足が遅いことを忘れるくらい、急いでいました。

・一番最初に会ったから、もう夢中で頼んでしまったと思います。

「とても焦っていたかえるくんは、お願いできる相手を見つけて、うれしくて思わず頼んでしまったのですね」

■手紙を頼まれたかたつむりくんの気持ちを考えよう

課題「手紙をたのまれたかたつむりくんの気持ちを考えよう」

課題をノートに書きます。かたつむりくんの気持ちなので、サイドラインは黄色で引きます。『まかせてくれよ。』『すぐやるぜ。』などが挙がるでしょう。自分の考えを書いたら、交流をします。

■文末に目を向けて気持ちを考える

言葉遣いや挿絵の表情から、自信満々で頼まれてうれしそうなかたつむりくんの様子を読みとることができます。

・『まかせてくれよ。』と言ってるから、自信がある感じがします。

・「すぐやるよ」ではなくて『すぐやるぜ。』と言っているから、「絶対にすぐに届けるから安心して」と強く思っている気がします。

書いたことを交流したら、かたつむりくんの言葉を、声に出して読みます。

■がまくんの家へ戻ったかえるくんの気持ちを話し合う

「かたつむりくんにお手紙を頼んだあと、かえるくんはどうしましたか」

・『がまくんの家へもどりました。』

『もどる』は、もといた場所にまた行くことであることを確認します。

「どうして、かえるくんはがまくんの家へもどったのでしょうか」

・手紙が届くのをがまくんといっしょに待って、喜ぶがまくんを見たいから。

・友だちだから、一緒に喜びたい。

がまくんの家へ「行きました」ではなく『もどりました』という表現からも、かえるくんのがまくんへの思いの深さと親しさ、友情が読みとれます。

■ふきだしを書き、まとめの音読をする

手紙を頼んだかえるくんか、頼まれたかたつむりくんのどちらかを選んで、ふきだしを書きます。かえるくんを選んだ子とかたつむりくんを選んだ子を組にして、書いたふきだしを何組かに発表させます。そのあと音読をします。

この場面は、ほかの場面とは異なり、多くが地の文で書かれています。この部分をどう読んだらいいかを話し合います。

・少し早く読みます。

・かえるくんが急いでいるからです。かえるくんの急いでいる気持ちを表現するために、テンポよく少し早めに読むとよいことに気づかせます。

この場面では、がまくんは登場していないので、音読ルーレットのがまくんの担当の子は、かたつむりくんの音読をします。

ノート例④

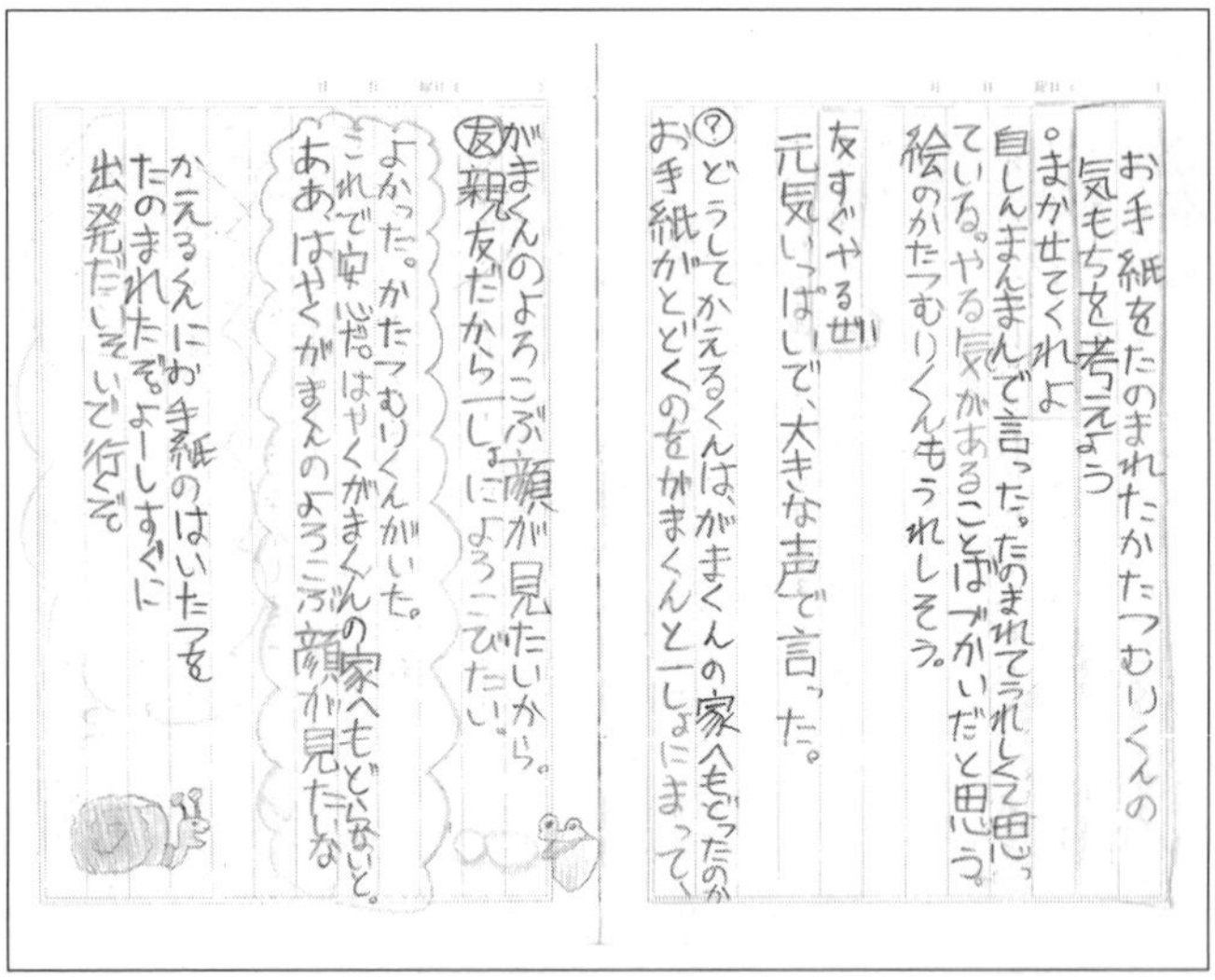

ふきだしを模造紙にまとめたもの

第6・7・8時

がまくんは、ベッドでお昼ねをしていました。かたつむりくんは、まだやってきません。～

会話文から、がまくんとかえるくんの気持ちを考えよう

【第6時】

『がまくんは、ベッドでお昼ねをしていました。～かたつむりくんは、まだやって来ません。』（一回目）

■がまくんとかえるくんの対照的な様子を読みとる

かえるくんが自分の書いたお手紙をかたつむりくんに頼んで、うれしさいっぱいでがまくんの家へ戻ったことを振り返り、学習範囲の音読をします。

「かえるくんががまくんの家へ戻ったとき、がまくんはどうしていましたか」

・『ベッドでお昼ねをしていました。』

「ベッドで寝ているがまくんに、かえるくんは何と言いましたか」

がまくんとかえるくんのやりとりをクラス全体で確認します。

> 課題「かえるくんとがまくんの気持ちを考えよう（一度目のよびかけ）」

課題をノートに書きます。今回は、二人の気持ちを読みとるので、混乱しないように、先にかえるくんの気持ちを考え、そのあとにがまくんの気持ちを考えさせます。

かえるくんの気持ちの表れているキーワードには緑色、がまくんにはオレンジ色のサイドラインを引きます。自分の考えを書いたら、交流をします。

主な言語活動

・動作化しながらイメージをつくり、気持ちを話し合う。
・会話の変化から人物の気持ちを読みとる。

○誘うかえるくん

「かえるくんの気持ちはどうですか」

・「まちなよ」ではなくて『まってみたらいいと思うな。』と言ってるから、優しく言って、がまくんを起こそうとした。

「どうして『もうちょっと』と言ったのでしょうか」

・かえるくんは、かたつむりくんがすぐ届けに来てくれると思っています。

「かえるくんはどんな声で言ったでしょうか」

・誘うような感じで言いました。
・手紙がくるのを知っているから、うきうきした感じの声だと思います。
・でも、あんまりうれしそうに言うと、がまくんに気づかれちゃうから、少しがまんして言いました。

かえるくんのセリフを読みます。

○あきらめるがまくん

「がまくんの気持ちはどうでしょう」

・もう手紙を待たないでお昼寝をしてしまっているから、あきらめてしまいました。

・待ちすぎてくたびれてしまいました。

・親友のかえるくんが誘っても『いやだよ。』と言っているから、もう待ちたくないと思っています。

『あきあきしたよ。』と「あきたよ」を板書して比べると、長い時間待ち続けて、本当に嫌になってしまった気持ちがわかります。

がまくんの思いを込めて、がまくんのセリフを読みます。

■窓から見るかえるくん　〜窓枠を作って動作化させる〜

『かたつむりくんは、まだ、やって来ません。』の部分は、三回繰り返され、かえるくんの気持ちを表す象徴的な場面です。

段ボールなどで作った窓枠を使い、動作化させます。窓の外を見ながら、かえるくんが思ったことを言わせます。

・かたつむりくん、早く来ないかな。

かたつむりくんを待つかえるくんの１回目の動作化

■ふきだしを書き、まとめの音読をする

がまくんとかえるくんのふきだしを書き、発表します（どちらか一人を選んで書いてもかまいません）。

音読を三人一組で行い、読みとったがまくんとかえるくんの気持ちを表現します。

【第7時】

『「がまくん。」〜かたつむりくんは、まだやって来ません。』（二回目）

■言葉の変化から考えよう

お昼寝をしているがまくんと、手紙を待とノート例⑤かえるくんとがまくんの気持ち

うと誘うかえるくんの様子を振り返り、学習範囲の音読をします。

課題「かえるくんとがまくんの気持ちを考えよう（二度目のよびかけ）」

課題をノートに書きます。前回と同じで、先にかえるくんの気持ちを書き、そのあとにがまくんの気持ちを書かせます。

キーワードを見つけるときに、「前とは違うことに注目して考えましょう」と、読みとりのポイントを伝えます。

■言葉の変化から、かえるくんの気持ちを読みとる

「かえるくんは、どうしてもう一度がまくんに呼びかけたのでしょうか」

・がまくんが起きてくれないからです。

「かえるくんは、同じ言葉で言いましたか」

と問いかけます。

板書例

「きみ、おきてさ、お手紙が来るのを、もうちょっとまってみたらいいと思うな。」

「ひょっとして、だれかが、きみにお手紙をくれるかもしれないだろう。」

二つを板書して比べ、二回目の呼びかけが、より具体的に強めた言い方になったことに気づかせ、なぜ、具体的になったのかを考えます。

「どうして、かえるくんは『だれかが、きみにお手紙をくれるかもしれない』と前よりも詳しく言ったのでしょうか」

・がまくんがなかなか起きてくれないから、どうしても起きてほしくて。

「それなのに、どうして『だれか』と言ったのでしょうか。はっきり言えばいいのに」

・言ったら、手紙を待つ楽しみがなくなってしまうから、言いたくなかった。

・自分が書いたことは絶対に秘密にしたいから、でも、手紙を待つのはあきらめてほしくないから、『だれかが』と言いました。

■文末に注目して、がまくんの気持ちを読みとる

○『そんなこと、あるものかい。』

○『お手紙をくれる人なんて、いるとは思えないよ。』

「この言葉から、がまくんのどんな気持ちがわかりますか」

・絶対にだれもくれないんだから、もういいんだといじけている感じです。

・かえるくん、うるさいなあ。来るわけないんだから、放っておいてよと思っている。

だからかえるくんはなんとかがまくんの気持ちを変化させたいと思うのです。

■記述の変化から読みとる
～『見ました。』から『のぞきました。』へ～

「がまくんを起こすことはできなくて、かえるくんは、また、かたつむりくんの到着を窓から見ます。ここの書き方を前と比べてみ

るとどうですか」
・前は『見ました。』になっているけれど、二度目は『のぞきました。』になっています。
○一度目……『見ました。』
○二度目……『のぞきました。』
この二つの言葉のちがいを考えさせます。ダンボールの窓枠を使って動作化させると、ちがいが明確になります。『のぞきました。』のほうが、身を乗り出していて、待ち遠しい気持ちが強く表れていることを確認します。

おかしいな、かたつむりくんは、すぐやるぜって言ってくれたのに。早く来てくれないと、がまくんがあきらめちゃうよ。
かたつむりくんを待つかえるくんの二回目の動作化

前回と同じように、かえるくんの思いを言いながら動作化させます。

■ふきだしを書き、まとめの音読をする

かえるくんとがまくんの気持ちをふきだしに書いたあと、第6時の部分からつなげて音読し、焦っていくかえるくんの気持ちが表現できるようにします。

ノート例⑥

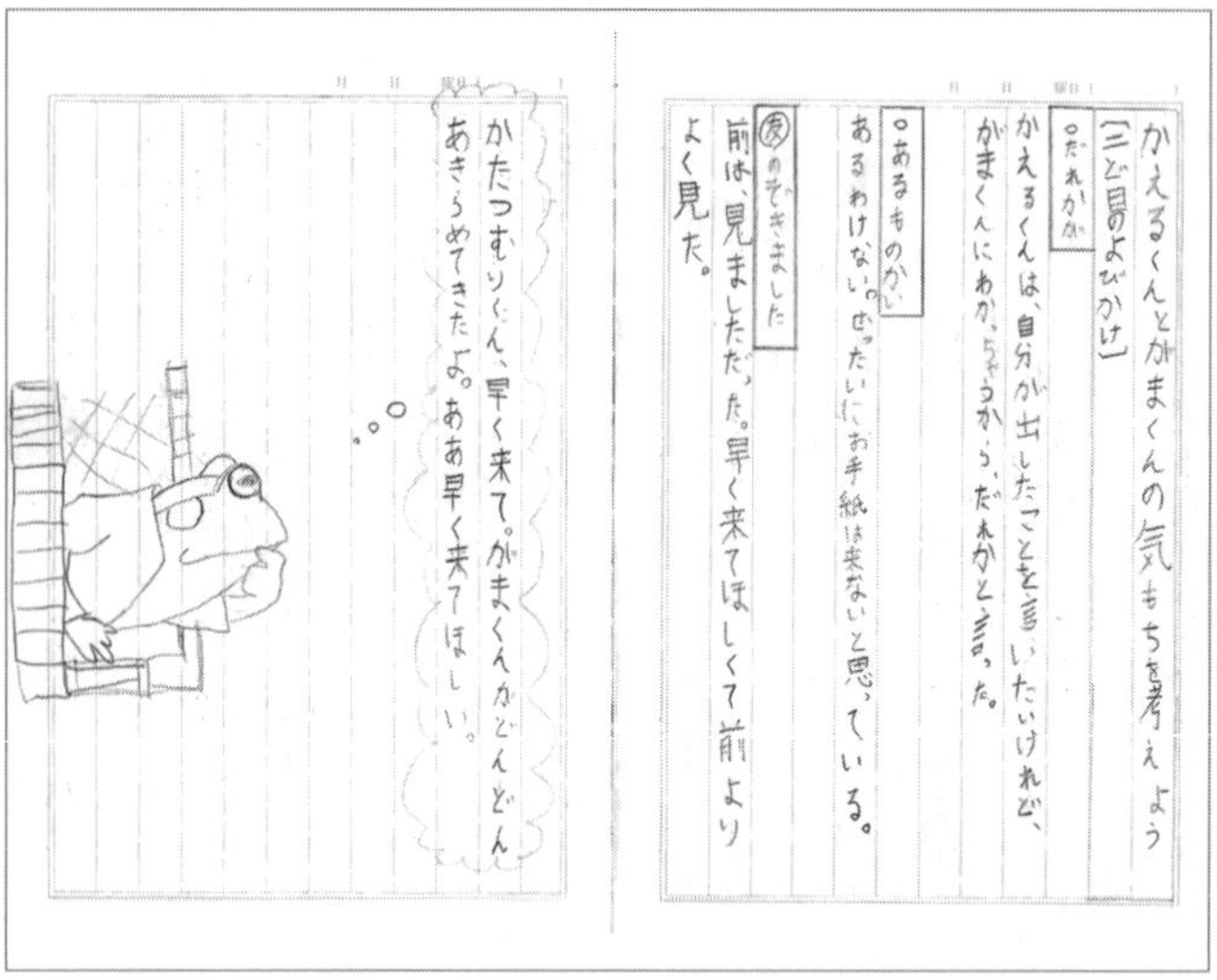
かえるくんとがまくんの気もちを考えよう
[三ど目のよびかけ]
○だれかが
かえるくんは、自分が出したことを言いたいけれど、
がまくんにわかっちゃうから、だれかと言った。
○あるものかい
あるわけないっぜったいにお手紙は来ないと思っている。
のぞきました
前は、見ましたただった。早く来てほしくて前より
よく見た。
かたつむりくん、早く来て。がまくんがどんどん
あきらめてきたよ。ああ早く来てほしい。

【第8時】

『「でもね、がまくん。」〜かたつむりくんは、まだやって来ません。』（三回目）

■ふたりのやりとりの中で揺れ動くかえるくんの気持ちを読みとろう

投げやりながまくんと、焦りはじめたかえるくんの様子を振り返り、学習範囲の音読をします。

> 課題「かえるくんとがまくんの気持ちを考えよう（三度目のよびかけ）」

課題をノートに書き、前回と同じように、先にかえるくんの気持ちを書き、そのあとにがまくんの気持ちを書かせます。
前とは変わったところに注目して考えることも伝えます。

■繰り返しと言葉の変化から、かえるくんの気持ちを読みとる

かえるくんの三度目のよびかけを読み、二

度目とのちがいを見つけます。

「二度目のよびかけとちがいはありますか」

○『ひょっとして』➡『きょう』

○『お手紙をくれるかもしれないだろう。』

➡『お手紙くれるかもしれないよ』

二度目より三度目のほうが、さらに断定的になっていることに気づかせます。

「どうして、かえるくんは前よりももっと詳しく言ったのでしょうか」

・『きょう』と言ったら、がまくんが起きてくれるかもしれないから必死で言った。

・がまくんが全然起きてくれないから、何とか起こしたくて。でも、自分が出したことはどうしても秘密にしたい。

かえるくんの気持ちになってかえるくんのセリフを音読します。

○ますますねて怒るがまくん

「がまくんの答え方からは、どんなことが伝わってきますか」

・『ばからしいこと、言うなよ。』と言っているから、少し怒っています。

『くれなかったんだぜ。』と『だろうよ。』の語尾からも、がまくんのあきらめと投げやりな気持ちが伝わってきます。

がまくんの気持ちになって音読します。

二回目と三回目は、どちらも『のぞいた』と書かれていますが、この二つの『のぞいた』の違いを考えさせます。

「二回目も、三回目も『まどからのぞきました。』と書いてありますが、同じようにのぞいたのでしょうか」

・三回目のほうが、うんとのぞきました。

・窓から落っこちそうなくらい。

・困った顔をしています。

窓枠を使った動作化で確認します。

■ふきだしを書き、まとめの音読をする

かえるくんとがまくんのふきだしを書きます。そして、第6時から第8時までの学習範囲を、がまくんのあきらめや、すねたような感じ、かえるくんの一生懸命さが表れるように音読をします。

がまくんは起きてくれないし、
かたつむりくんは来てくれないし、
どうしよう。早く来て。

かたつむりくんを待つかえるくんの三回目の動作化

ノート例⑦

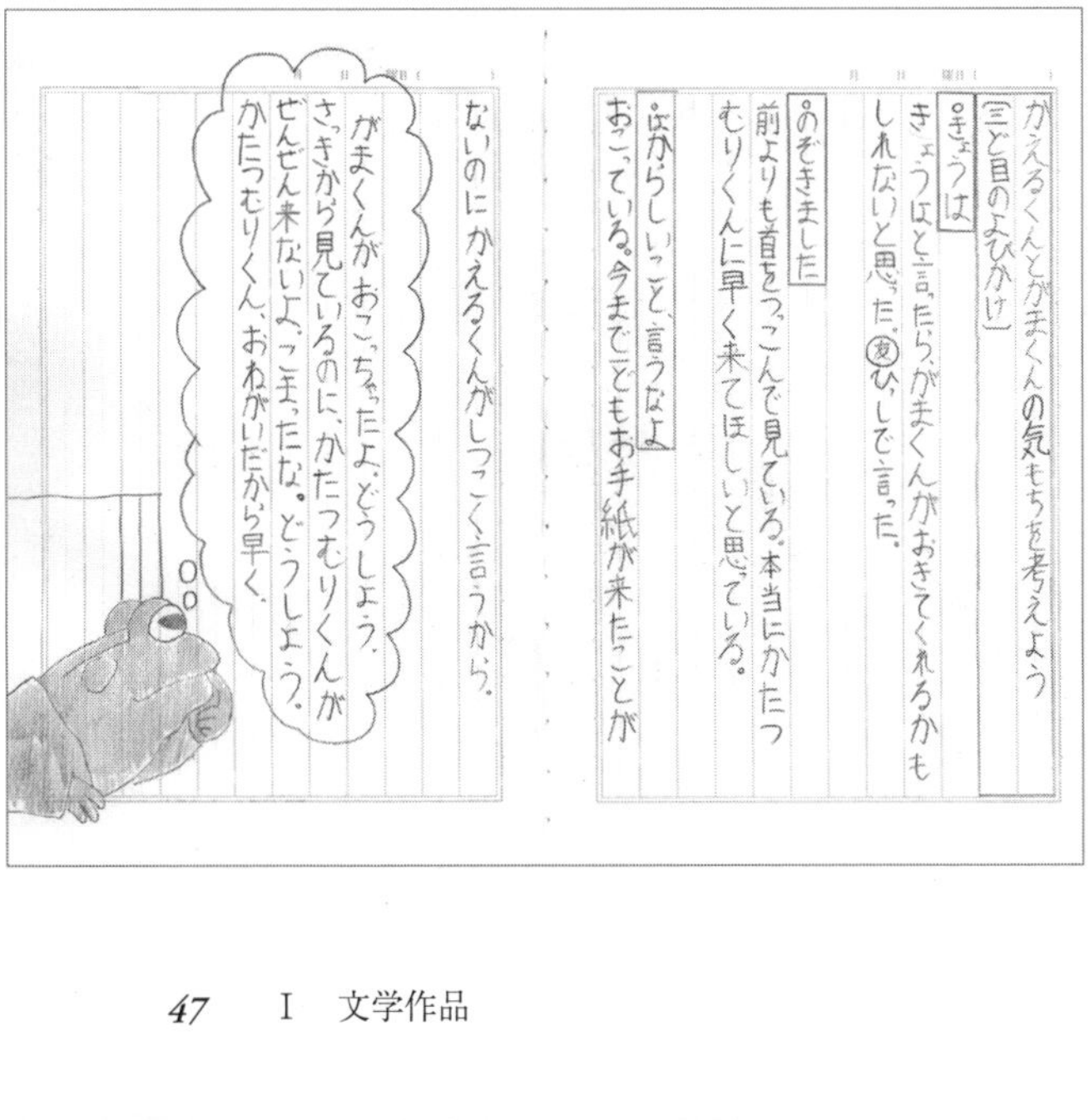
かえるくんとがまくんの気もちを考えよう
三ど目のよびかけ
きょうは
きょうはと言ったら、がまくんがおきてくれるかも
しれないと思った。ひっしで言った。
のぞきました
前よりも首をつっこんで見ている。本当にかたつ
むりくんに早く来てほしいと思っている。
ばからしいこと、言うなよ
おこっている。今まででもお手紙が来たことが
ないのにかえるくんがしつこく言うから。
がまくんがおこっちゃったよ。どうしよう。
さっきから見ているのに、かたつむりくんが
ぜんぜん来ないよ。こまったな。どうしよう。
かたつむりくん。おねがいだから早く。

第9時 「かえるくん、どうして、きみ、ずっと」～「きみが。」

手紙を書いたことを話すかえるくんとそれを聞いたがまくんの気持ちを考えよう

主な言語活動

・ついに話してしまったかえるくんの気持ちと、驚くがまくんの気持ちを想像して書く。

■がまくんがなぜ気づいたのか話し合う

完全にあきらめてすねてしまっているがまくんと、必死なかえるくんの様子を振り返り、学習範囲の音読をします。

「どうして、がまくんは『きみ、ずっとまどの外を見ているの。』と言ったのですか」

・かえるくんが窓の外を何回も見ているのに気づいて、不思議に思ったから。

・がまくんが気づくくらい、かえるくんは何度も窓の外を見ていました。

がまくんの気持ちになってセリフを読みます。

『来やしないよ』と「来ないよ」を比べて、どんな感じがするか話し合います。

・『来やしないよ』のほうが、絶対に来ないと強く思っています。

> 課題「手紙を書いたことを話すかえるくんと、それを聞いたがまくんの気持ちを考えよう」

課題をノートに書き、前回と同じように、先にかえるくんの気持ちを書き、そのあとにがまくんの気持ちを書かせます。

■かえるくんの思いを話し合う

「どうして、秘密にしていたのに、かえるくんは自分が手紙を出したことを言ってしまったのでしょう」

・何を言ってもだめだから、ついに言ってしまいました。

・絶対に自分が手紙を書いたことを言いたくなかったのだけれど、がまくんは、『来やしないよ。』と絶対に手紙は来ないとあきらめています。だから、どうしようもなくて言ってしまいました。

「どこからそう思いますか」

・『だって』と言ったのが仕方なくという感じがします。

・自分に自信を失いかけているがまくんを見ていて、このままではいけないと思ったかえるくんの気持ちにせまります。

■がまくんの驚きを話し合う

「それを聞いたがまくんの気持ちが表れて

いるところはありますか」

・挿絵のがまくんの顔が本当にびっくりしています。

「言葉ではどうですか」

言葉からの読みとりが出てこなかった場合には、

「かえるくんが自分に手紙を出してくれたことを聞いたがまくんは、何と言いましたか」

・『きみが。』

「どうして、がまくんは『きみが。』しか言わなかったのでしょう」

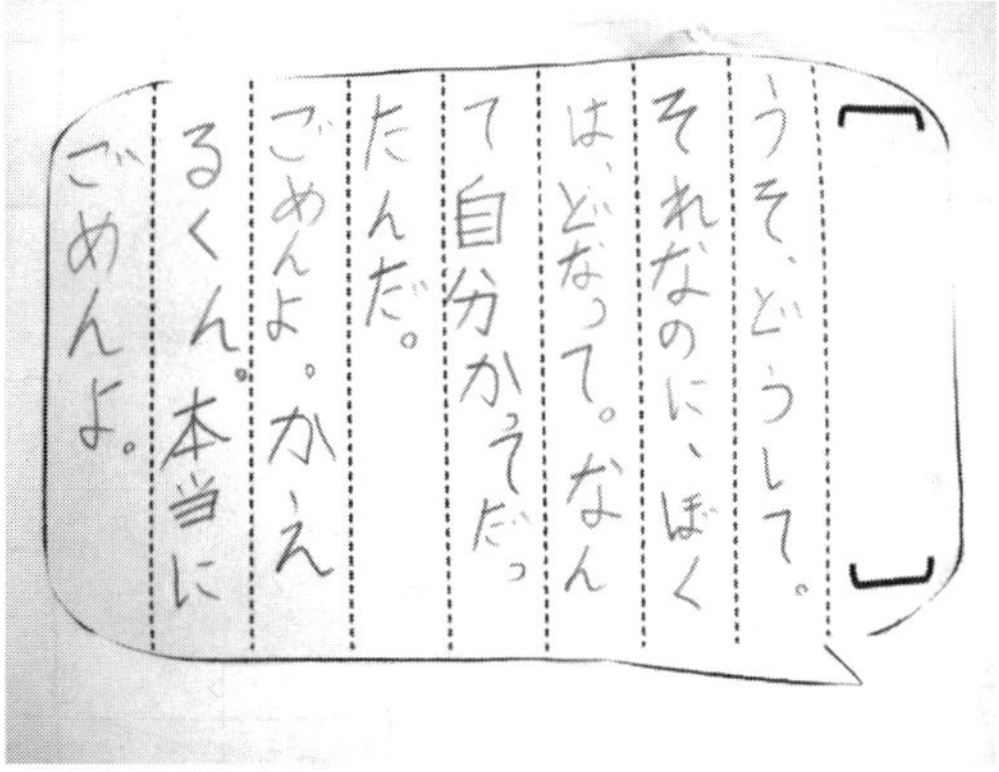

ふきだし例

・『きみが。』しか言えないくらいびっくりしました。

・びっくりしすぎて言葉になりませんでした。

言葉が続かないほど、がまくんは驚いていたことを読みとらせます。

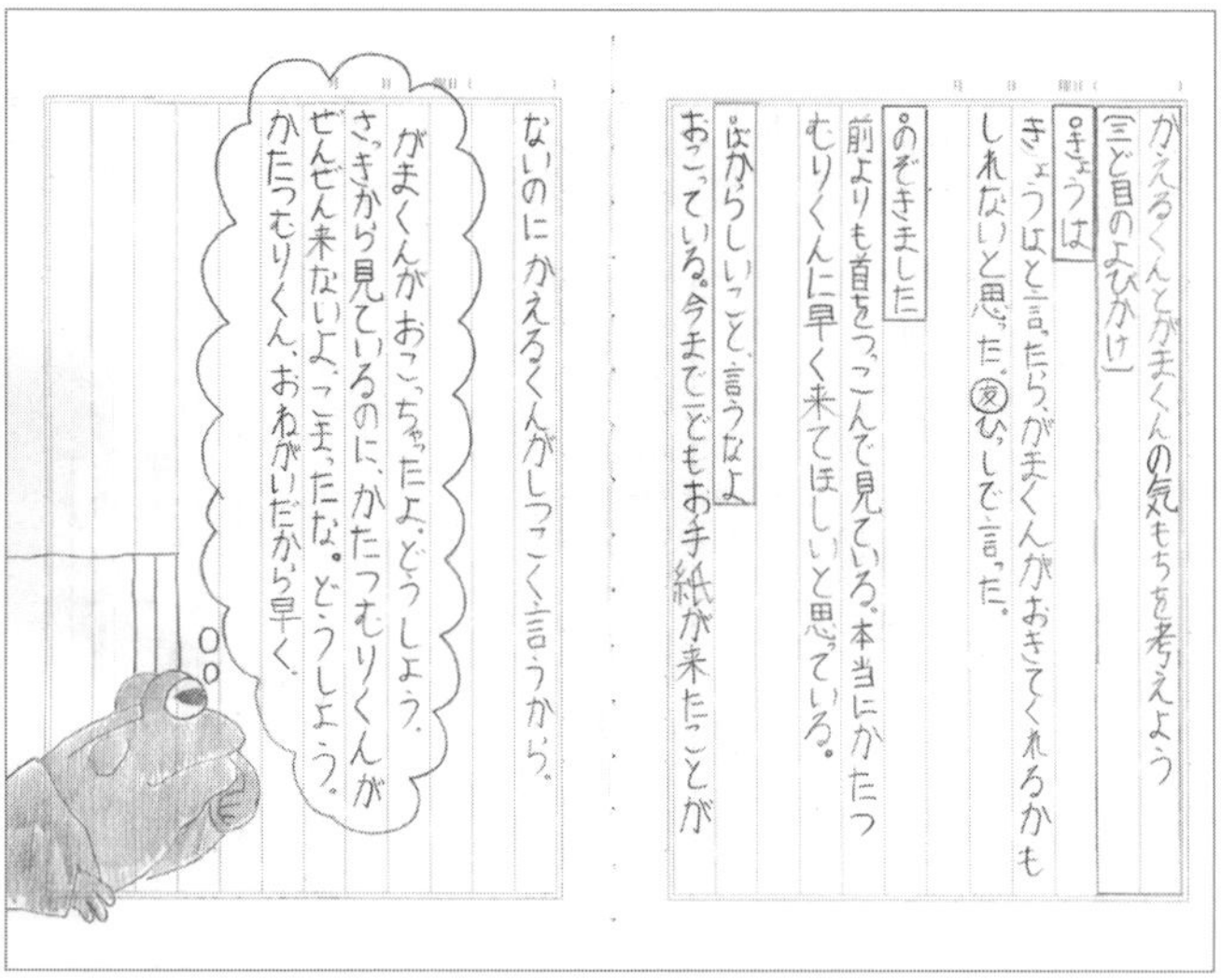

ノート例⑧

■ふきだしを書き、まとめの音読をする

がまくんの『きみが』のあとには、何が言いたかったのかを想像して、ふきだしに書きます。

・君がくれたんだね、かえるくん。

・君がぼくにお手紙を書いてくれたのかい。ありがとう。それなのにぼくは、君に冷たいことばかり言って、ごめんよ。

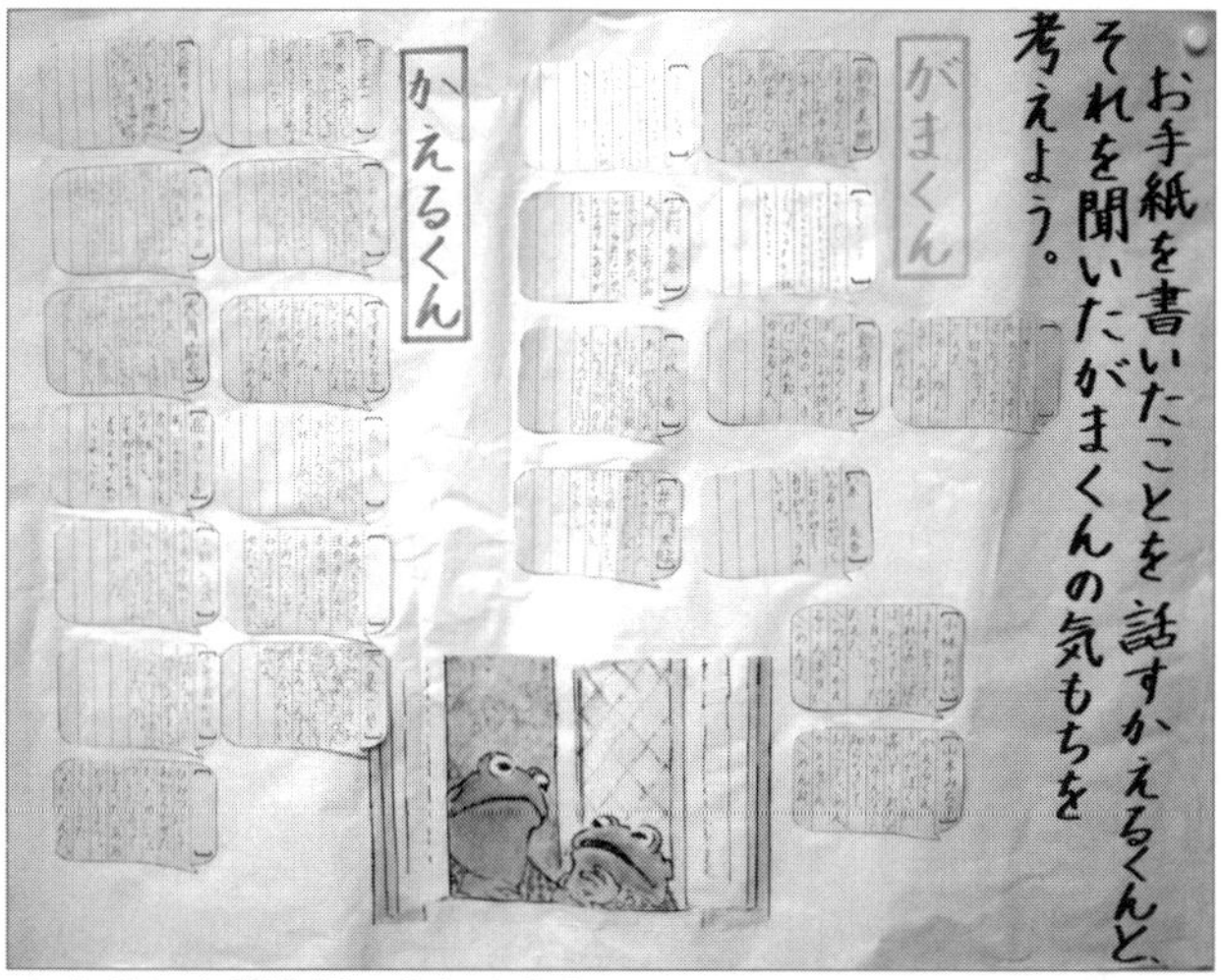

ふきだしを模造紙にまとめたもの

第10時 がまくんが言いました。～ふたりとも、とてもしあせな気もちで、そこにすわっていました。

手紙を待つ二人の気持ちを考えよう

主な言語活動

・手紙の内容を視写し、がまくんの喜びについて話し合う。
・二人の気持ちをふきだしに書く

■がまくんの気持ちの変化を読みとる

かえるくんが手紙を出してくれたことを知ったがまくんの驚きを振り返り、学習範囲の音読をします。

> 課題「手紙を待つ二人の気持ちを考えよう」

課題をノートに書きます。

■かえるくんの書いた手紙を視写する

かえるくんの書いた手紙をノートに視写したら、手紙の内容を見ていきます。

「かえるくんの気持ちが表れている言葉を見つけて、緑色でサイドラインを引きましょう」

視写したかえるくんの手紙にサイドラインを引かせ、そこから読みとれるかえるくんの思いをノートに書きます。

・『親愛なる』
・『ぼくの親友』
・『うれしく思っています。』
・『きみの親友』

などがあがるでしょう。

『親愛』『親友』の意味を確認し、かえるくんのがまくんへの深い思いのつまった手紙であることを感じとらせます。

■がまくんの言葉について話し合う

「かえるくんの書いた手紙の内容を聞いたがまくんは、何と言いましたか」

・『ああ。とてもいいお手紙だ。』です。

がまくんのこの言葉をノートに写します。

「この言葉を言ったがまくんは、どんな気持ちでしょう。ノートに書きましょう」

・がまくんのうれしい気持ちが伝わります。
・大好きなかえるくんから、こんなうれしい手紙がもらえるから幸せです。

がまくんの気持ちになって、この言葉を声に出して読みます。

■手紙を待つ二人の気持ちを想像する

手紙を待つ二人の気持ちを表すキーワードを見つけて線を引き、ノートに自分の考えを書きます。

・『ふたりともとてもしあわせ』
・『とても』と書いてあるから、すごくすごく幸せでいっぱいな気持ちです。
『ふたりとも』の記述に着目させて話し合っています。

■はじめの場面と比べて読みとる

最初の場面と比べてみます。どちらもお手紙が来るのを待っています。

『ふたりとも、かなしい気分で、げんかんの前にこしを下ろしていました。』

⇧

『ふたりとも、とてもしあわせな気持ちで、そこにすわっていました。』

「前と比べてどうですか」

・前は、悲しかったけれど、今は二人ともとても幸せ。
・前は、来るはずのない手紙を待っていたから、悲しかったけれど、今は、絶対に来る手紙を待っているから、幸せ。
・「ふたりとも」は前と同じです。悲しい時も幸せなときも「ふたりとも」でがまくんとかえるくんは一緒です。

座って挿絵の表情や肩を組む様子からも、幸せを読みとらせます。

ノート例⑨

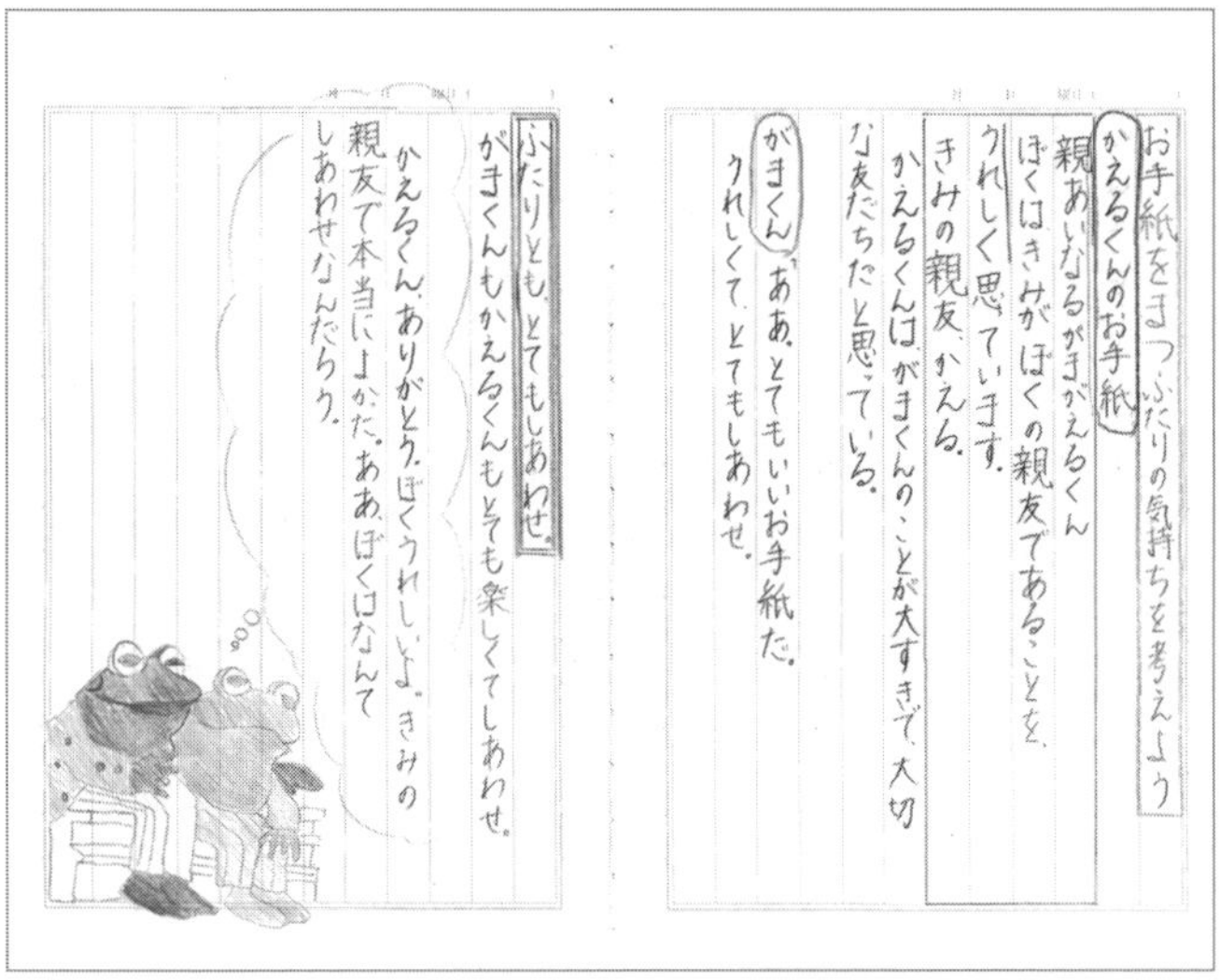

■ふきだしを書き、音読をする

ノートに、がまくんか、かえるくんのどちらかを選んで、お手紙を待って座っているときの気持ちを書き、発表します。最後に三人組で音読をします。

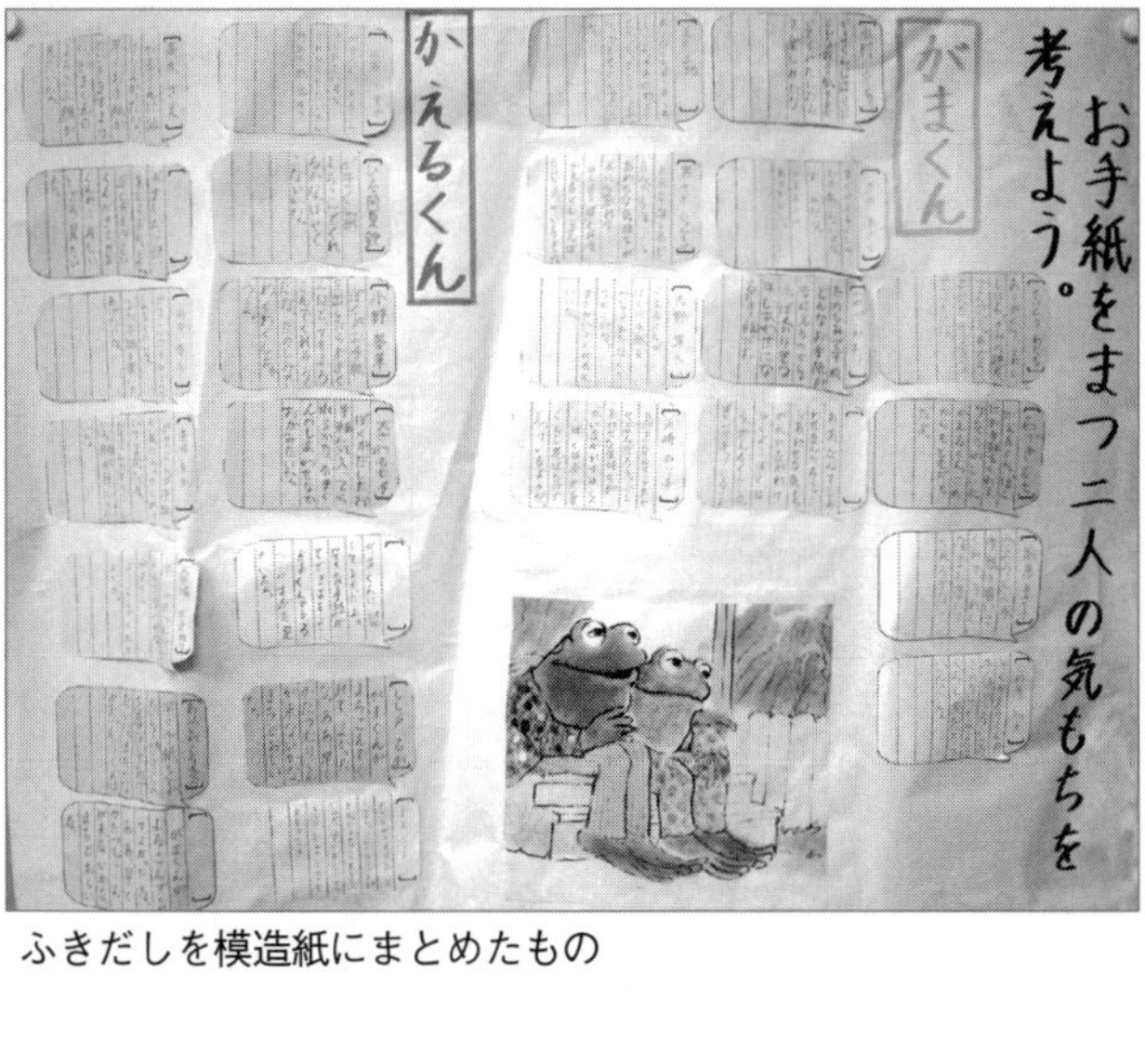

ふきだしを模造紙にまとめたもの

第11時 長いことまっていました。～最後

手紙が届いたときの二人の気持ちを考えよう

■待つことの幸せについて考える

ここは、テーマに迫るところです。

「どんな気持ちで四日も待っていたのでしょう」と聞きます

・ずっと幸せな気持ちです。

・早く来ないかなと思っています。

・二人でお話をしながら待っていました。

四日間という長い間も、二人は幸せな気持ちで待ち続けていたことを想像させます。

「どうして四日もかかったのでしょう」

・かたつむりくんはゆっくりだからです。

・ゆっくりでよかったと思います。

・四日間もずっと幸せだったからです。

「手紙が届いて、二人はどうしましたか」

これはイメージをつくる問いです。

・とびはねて喜んだと思います。

・かえるくんに抱きついたかもしれません。

手紙を受け取った時のがまくんの行動を想像させ、イメージをふくらませます。

■気持ちを吹き出しに書き、話し合う

課題「手紙がとどいたときの二人の気持ちを考えよう」

課題をノートに書き、手紙が届いたときのがまくんとかえるくんの気持ちをふきだしに書きます。そのときに、今までのできごとを振り返りながら書かせます。ふきだしを書いたら、発表し合います。

主な言語活動

・幸せについて話し合う

・今までの学習を振り返りながら、登場人物の気持ちをふきだしに書く。

■まとめの音読

この場面は、一人で音読をします。地の文だけなので、どのように読めば気持ちが伝わるかを考えさせ、うれしさが伝わるような読み方を工夫させます。

ノート例⑩

お手紙がとどい太時のふ太りの気もちを考えよう
がまくん
お手紙だ。今までずっとずっとほしかったんだ。
ああうれしいな。しかも大すきな親友の
かえるくんがくれたなんてさいこうだよ。
かえるくん本当に本当にありがとう。
ぼく早かったでしょ。

第12・13時 がまくんとかえるくんに手紙を書こう

「お手紙」の全文を音読したあと、がまくん、かえるくんのどちらかを選んで、手紙を書きます。

手紙が書けたら、音読した三人グループで集まって、互いの手紙を発表します。書いた手紙は「がまくんへ」「かえるくんへ」とあて名を書いた封筒に入れ、差出人の自分の名前も書きます。

■手作りポストに投函し、互いの手紙を読み合う

全員が手紙を書いたら、段ボールなどで作ったポストに投函します。

投函したあとは、自由にポストから手紙を取り出して、友だちの書いた手紙と交換して読み合います。

■がまくんとかえるくんの世界を広げる

がまくんとかえるくんが出てくる『ふたりはいっしょ』『ふたりはともだち』（ともに文化出版局）をクラスの本棚に置きます。時間があれば、読み聞かせをすると、なおよいでしょう。ほかにもアーノルド＝ローベルの作品はたくさんあるので、なるべくクラスに置くようにします。

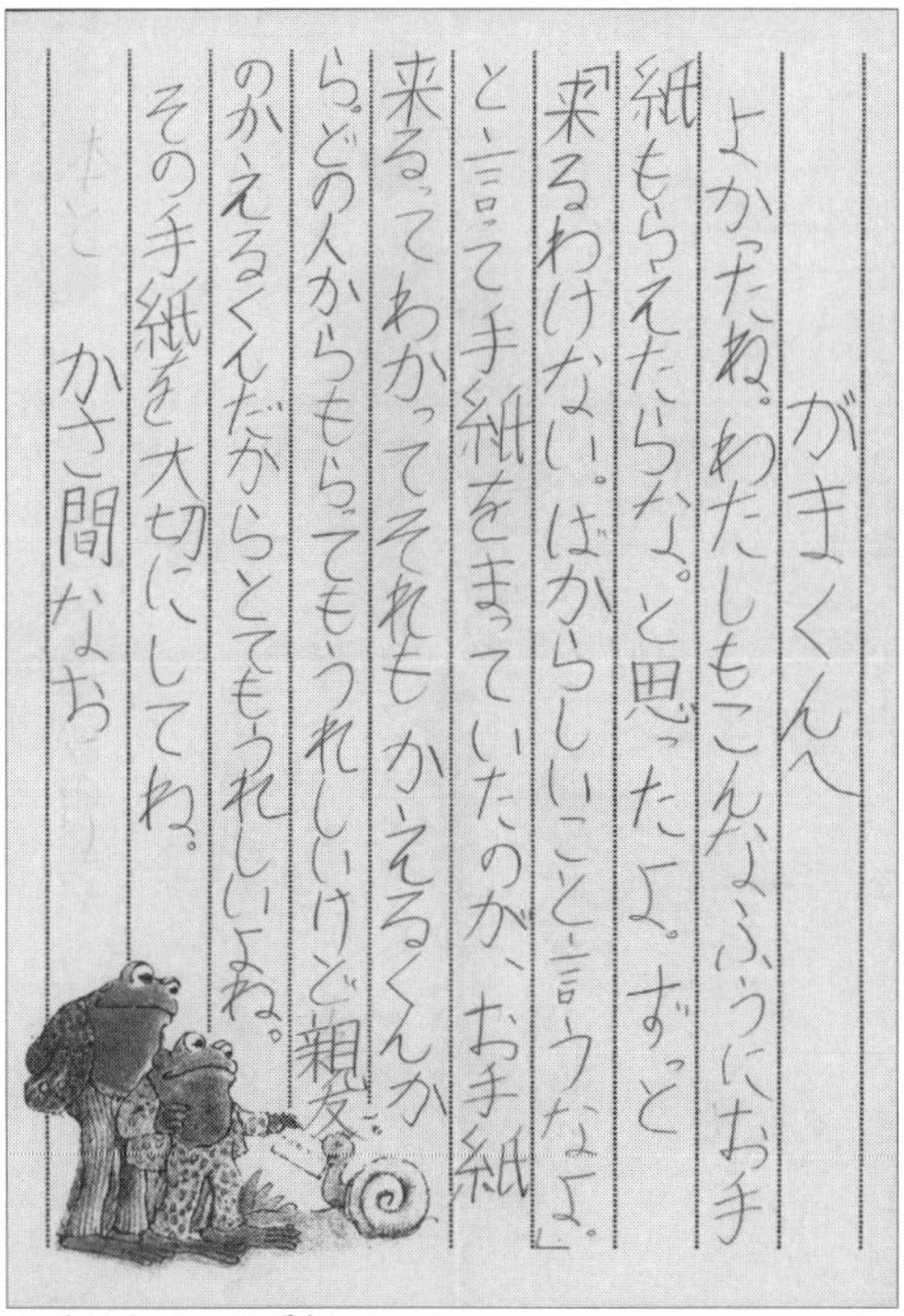

がまくんへ
よかったね。わたしもこんなふうにお手紙もらえたらな。と思ったよ。ずっと「来るわけない。ばからしいこと言うなよ。」と言って手紙をまっていたのが、お手紙来るってわかってそれもかえるくんから。どの人からもらってもうれしいけど親友のかえるくんだからとてもうれしいよね。その手紙を大切にしてね。
かさ間なお

がまくんへの手紙

（山本　瑠香）

主な言語活動

・がまくんとかえるくんに手紙を書く

3　登場人物と自分を比べながら読む

「わたしはおねえさん」

石井睦美　作
（光村図書・二年下）

登場人物の言動や場面の様子から人物の気持ちの変化を読みとり、自分の経験と比べながら読む。

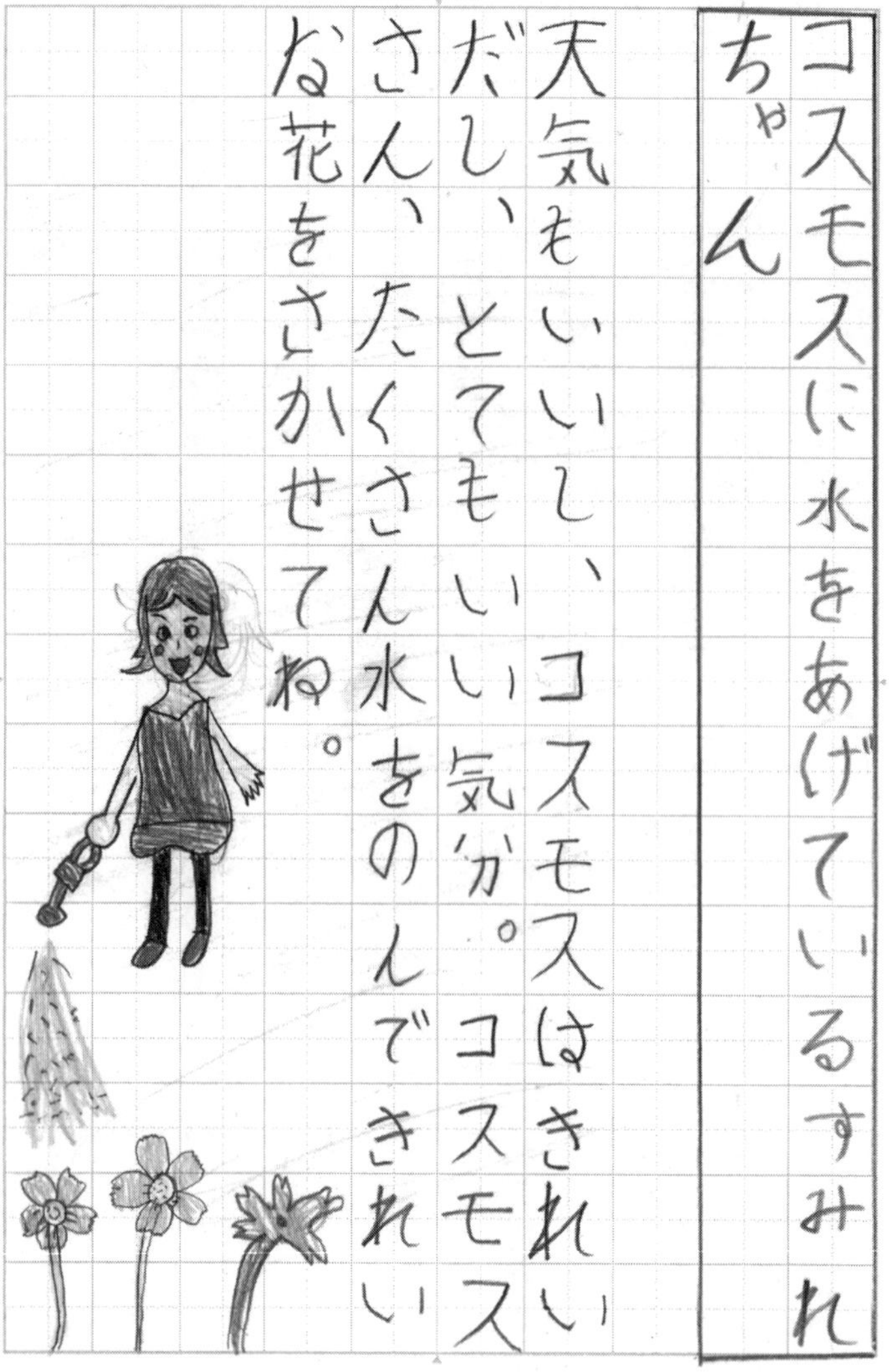
コスモスに水をあげているすみれちゃん
天気もいいし、コスモスはきれいだし、とてもいい気分。コスモスさん、たくさん水をのんできれいな花をさかせてね。

ノートの例

ねらいと学習の重点

同じ二年生である主人公の「おねえさんになってうれしい気持ち」は、子どもたちにとって、共感しやすいものです。自分の経験を振り返りながら、物語の内容と結び付けて読むことがねらいです。

主人公がおねえさんとして成長していく姿を読みとることが、この物語の大きなポイントとなります。そのために、微妙な言葉遣いや行動の変化に気づかせ、そこから考えられる登場人物の気持ちや様子を、子どもたちから引き出しながら授業を進めていきます。

二人の会話を音読しながら、気持ちを読みとっていきます。また、変化が表れている文や言葉を抜き書きし、ポイントをおさえて話し合いをしていきます。

■学習指導計画【11時間】

時	学習内容	学習活動
1	「わたしはおねえさん」の全文を読もう	○題名からどんな話か考える。 ○「おねえさん・おにいさん」になったなと感じた経験を話し合う。 ○全文を読んで、内容をつかみ、初発の感想を書く。
2	歌を歌うすみれちゃんの気持ちを考えよう	○歌を視写する。 ○歌を歌うすみれちゃんの気持ちを想像する。
3	張り切っている様子を読みとり、すみれちゃんの行動について考えよう	○立派なことをしたくなるすみれちゃんの張り切った様子を読みとる。 ○すみれちゃんの行動の変化について話し合う。
4	落書きをされたすみれちゃんの気持ちを考えよう	○妹に落書きをされたすみれちゃんの思いを記述から読みとり、話し合う。 ○すみれちゃんの行動を自分と比べる。
5	すみれちゃんの気持ちの変化を読みとろう	○会話文や行動から、すみれちゃんの気持ちの変化したところを読みとる。 ○気持ちの変化のわけを話し合う。
6	すみれちゃんの成長を考えよう	○会話や行動から、すみれちゃんの気持ちを読みとり、話し合う。 ○すみれちゃんが絵を消さなかったわけを想像する。
7	心に残ったことを書き抜き、話し合おう	○一番心に残ったことを選び、カードに書き抜く。 ○話の順番に並べ、友だちとの相違点に気づく。
8 9 10	自分の成長を書こう	○二年生になって、お兄さん・おねえさんになったなと思うことを書く。 ○書いたことを交流し、成長を確かめ合う。
11	すみれちゃんのほかの話を読もう	○すみれちゃんシリーズの本を読む。

授業展開

第1時

「わたしはおねえさん」の全文を読もう

■題名を考える

題名の「わたしはおねえさん」をみんなで声に出して読み、ノートに題名を書きます。

「『わたし』がどんな人か、題名から想像できますか」

・『おねえさん』と書いてあるから、妹か弟がいます。
・自分のことをおねえさんと言っているから、張り切っている感じがします。
・おねえさんになって、うれしいのだと思います。

■自分の成長を振り返る

「みんなのなかに、妹や弟がいる人はいますか」

・弟がいます。

「お家では兄弟が下にいない人も、学校では、どうですか。一番下ですか」

・一年生がいます。
・一年生から見たら、お兄さんです。

「一年生のころと比べて、自分がお兄さん・お姉さんになったなと思う人は手をあげてください」

「どんなことでそう思いましたか」

・一年生と手をつないで、遠足に行って、いっしょに遊んであげたときに思いました。
・一年生に学校を案内してあげたときに、お姉さんさんだなと思いました。

主な言語活動

・題名から内容を想像する
・感想を書き、発表する。

「では、どんなお話なのか読んでみましょう」

■全文を読み、感想を書く

教師が範読してから子どもたちに読ませます。

全文を読んだら、感じたことや考えたことをノートに書き、発表します。

初発の感想

はじめて読んだかんそう
　すみれちゃんが、妹のかりんちゃんにノートにらくがきをされた時に、おこらないでいたところが、わたしはすきです。本とうは、なきたくておこりたかったのに、おこりませんでした。どうしてかなと思いました。

第2時

歌を歌うすみれちゃんの気持ちを考えよう

最初 ～ この歌を歌うたびに、すみれちゃんはそう思いました。

■すみれちゃんについて知る

学習範囲を音読します。

「登場人物はだれですか。ノートに書きましょう」

・すみれちゃん

・妹のかりんちゃん

挿絵を見て、すみれちゃんとかりんちゃんを確認します。

「主人公はどちらでしょう」

・すみれちゃんです。

「すみれちゃんが、どんな人かわかることはありますか。ノートに書きましょう」

記述から、すみれちゃんについてわかることを見つけさせます。

・歌を作るのが好きです。

・かりんちゃんという妹がいます。

・二年生です。

「すみれちゃんは、どんな歌を作りましたか」

みんなで声をそろえて、すみれちゃんが作った歌を読みます。

そのあと、ノートに歌を視写します。

■繰り返しの言葉に注目して、すみれちゃんの気持ちについて話し合う

「この歌を書いて、気づいたことはありませんか」

・妹の名前はかりんちゃんです。

・すみれちゃんは二年生です。

・『おねえさん』って五回も出てきます。

視写した歌のなかの言葉『おねえさん』に、線、色鉛筆でサイドラインを引かせます。そうすると、「おねえさん」という言葉がくり返し出てくることが視覚的にも明確になります。

「どうして五回も出てくるのでしょうか」

・おねえさんってことが、すごくうれしいから五回も出てくるのだと思います。

・うれしくて何回も言いたいのだと思います。

「五回も言うくらい、おねえさんということがうれしかったのですね」

とおさえます。

主な言語活動

・視写しながら、くり返しの言葉から、気持ちを考える。

・自分の経験と比べて読む。

■歌を歌うすみれちゃんの気持ちを読みとる

「歌を歌うたびに、すみれちゃんはどう思いましたか。その気持ちが書かれているところをノートに写しましょう」

・『おねえさんって、ちょっぴりえらくてやさしくて、がんばるもので、ああ、二年生になってしあわせ。』

「書いてみて、どんな感じがしますか」

・すごくうれしそうな感じです。

「どの部分でうれしそうだと思いましたか」

・『ああ、』と言っているのが、うれしそうな感じがします。

『歌うたびに』の意味と使い方を確認します。

・すみれちゃんは、歌うといつもそう思うということです。

・しょっちゅうこの歌を歌っています。

■二年生になったうれしさを書く

「みなさんも、すみれちゃんと同じように二年生になって幸せだな、よかったなと思ったことはありますか」

ノートに書き、発表します。

・一年生の入学式で演奏をして、すごいと言われたときにうれしかったです。

・遠足のときに、一年生と一緒だから、頑張るぞと思いました。

■まとめの音読をする

「この場面は、どのように音読するとよいですか」

・歌のところは、うれしそうに読みます。

・元気な声で読みたいです。

すみれちゃんのうれしさが伝わるように各自で音読をします。ペアになってお互いの音読を聞き合うのもよいでしょう。授業の最後に、何人かを指名して、音読してもらいます。

板書例

とうじょう人ぶつ

○すみれちゃん
・歌をつくるのがすき
・かりんちゃんのおねえさん
・二年生

○かりんちゃん

わたしはおねえさん
やさしいおねえさん
元気なおねえさん
ちっちゃなかりん のおねえさん
一年生の子 のおねえさん
すごいでしょ

←

おねえさんになったことがうれしい。

おねえさんって、ちょっぴりえらくてやさしくて、がんばるもので、ああ、二年生になってしあわせ。

・入学式でえんそうをしたとき
・遠足で一年生と手をつないだとき

がんばるぞと思った

第3時

張り切っている様子を読みとり、すみれちゃんの行動について考えよう

けさも、この歌を～じょうろで水やりをしました。

主な言語活動

・場面の様子を一言で表す。
・自分の生活と比べながら話し合う。

■場面の様子を一言で表現する

おねえさんの歌をうれしそうに歌うすみれちゃんの様子を振り返り、学習範囲の音読をします。

「すみれちゃんが歌っていた日について、わかることはありますか」と問いかけ、ノートに書きます。

・十月の日曜日
・朝
・天気は晴れ

「この場面には、一言で言うと、どんな様子のすみれちゃんが書かれていますか。ノートに書きましょう」

・いい気分のすみれちゃんです。
・張り切っているすみれちゃんです。

このように、場面のトーンをつかんでから分析に入っていきます。

■張り切っているすみれちゃんについて自分と比べながら考える

「どこで、張り切っているのがわかりますか。教科書に線を引きましょう」

・『歌を歌っています。』
・『りっぱなことをしたくなりました。』
・『朝のうちにしゅくだいをする。』

「立派なこととは、何ですか」

・朝のうちに宿題をすることです。

「みなさんも、自分から立派なことをしたことはありますか」

・宿題をお母さんに言われなくても、遊びに行く前にやりました。
・玄関のくつを自分から進んでそろえました。
・お母さんのお手伝いをしました。

立派なことをしたときや、そのときの気持ちなど、経験を出しながら話し合います。

■すみれちゃんの行動の変化について話し合う

「いい気分で張り切って、教科書とノートを広げたのに、どうして外へ出て、コスモスに水やりをしたのでしょうか」

・コスモスが水がほしいと歌っていると思ったので、外へ出てしまいました。
・宿題は、水をやったあとですればいいと

思ったからです。

　このような話し合いで、場面の様子を読みとっていきます。コスモスの歌の内容も合わせて読みとることになります。

■すみれちゃんの行動について考える

「宿題をしようとしたのに、外のことが気になって、水やりに行ったすみれちゃんのことをどう思いますか。ノートに書きましょう」

・コスモスを大事にしていて、優しい。
・かわいい。
・いい気分で張り切っているので、ついほかのことまでしてしまったと思います。
・思ったことをすぐにしてしまいます。
・途中でほかのことをやりたくなってしまう子です。

　この話し合いを通して、すみれちゃんは、思ったらすぐ実行する子どもだとおさえます。このことをおさえることによって、思ったことをすぐ行動に移していたすみれちゃんが、次の場面では、すぐに怒ったり、泣いたりせずに、自分の感情をコントロールできるようになり、成長していくことを読みとることができます。

「コスモスに水をあげているすみれちゃんは、どんな気持ちだったでしょうか」

　ノートに書いて発表します。

・天気もいいし、コスモスはきれいだし、とてもいい気分。コスモスさん、たくさん水を飲んで、きれいな花を咲かせてね。

■場面の様子をつかんで、工夫して音読する

　すみれちゃんが、いい気分でいることから、どんなふうに音読すればいいかを話し合い、音読をします。

板書例

・十月の日曜日
・気もちよく晴れた朝

[はりきっているすみれちゃん]
・歌を歌っている
・りっぱなことがしたくなった。
⬇朝のうちにしゅくだいをする。

[コスモスに水やりをしたりゆう]
・コスモスに水をやらないとと思ったから。
・しゅくだいは後でやればいいと思ったから。

⬅ ・思ったことをすぐにしてしまう。
「そうだ」……思いついたこと

[水やりをしているすみれちゃん]
今日は、天気もいいし、コスモスもとてもきれいだし、いい気もち。コスモスさん、ずっときれいな花をさかせてね。

第4時 落書きをされたすみれちゃんの気持ちを考えよう

さて、その間に ～ ぐちゃぐちゃのものを見ていました。

主な言語活動

・線を引きながら気持ちを読みとる。
・繰り返しの言葉に注目し、人物の中心的感情を話し合う。

■『ちょっとしたこと』について話し合う

いい気分でコスモスに水やりをしていたすみれちゃんを振り返り、学習範囲の音読をします。

本文を音読したあとで、次の質問をします。

「『ちょっとしたこと』とは、何ですか」

かりんちゃんのしたことを読みとってノートにまとめて書かせていきます。

・すみれちゃんのノートに、かりんちゃんが何かを書いたこと。
・かりんちゃんがノートにぐちゃぐちゃに書いてしまったこと。

このように言いかえて理解します。

「きょうだいに宿題に落書きをされたり、自分がきょうだいの宿題に落書きをしたりしたことはありますか」と自分たちの経験を振り返らせ、そのときの思いを聞きます。

・弟にプリントに落書きをされて、けんかをしたことがあります。
・わたしはお姉ちゃんの教科書に落書きをして、怒られたことがあります。

「他の人が見れば『ちょっとしたこと』かもしれないけれど、本人にはとても困ることなのですね」とおさえます。

■すみれちゃんの気持ちを話し合う

「すみれちゃんはそれを知って、どんな気持ちだったのでしょうか。わかるところに線を引きましょう」

線を引いたところと、そこからわかる気持ちを発表します。

・『かりん、何してるの。』
➡おどろいている。
・『もう、かりんたら、もう。』
➡しょうがないなあという気持ちもある。
・『なきたいのかおこりたいのか分かりませんでした。』
・『じっと、ノートを見ていました。』
➡悲しい。困ったな、どうしよう。

この話し合いのなかで、同じようなくり返しの表現に着目させて、『なきたいのかおこりたいのか分かりませんでした。』が中心的な感情であることに気づかせていきます。

■落書きを見ているすみれちゃんの行為について考える

「『じっと、ノートを見ていました。……ぐちゃぐちゃのものを見ていました。』は、二回『見ていました』が書いてありますね。くり返していると、どんなことを感じますか」

・二回『見ていました』が書いてあるので、じっと長い間見ていた感じがします。

「長い間落書きを見ているすみれちゃんは、どんな思いだったのでしょうか」

・どうしようかとまよっています。

・何で書いちゃったのかなと思っています。

・何を書いたのかと思って、よく見ています。

・怒りたいけれど、がまんしようとしています。

・かりんちゃんを怒らなかったところが、お姉さんになったと思います。

・まだ二歳だから、妹を怒っても仕方がないと思ったからだと思います。

すみれちゃんの思いとともに、怒ったり泣いたりしなかった理由まで話し合えるとよいでしょう。前の場面では、コスモスに水をやったように、思ったことをすぐに行動に移していたのが、ここでは感情をおさえています。「じっと見ていました」は、感想をおさえている姿を現しています。そして、自分の心を決めかねている様子が、次の「何よ、これ。」の言葉になっていきます。

■音読のなかで気持ちを読みとる

二人の気持ちを考えながら、すみれちゃんとかりんちゃんの会話文をどのように読めばよいか話し合います。

○『かりん、何してるの。』……驚いて

○『おべんきょ。』……うれしそうに

○『もう、かりんたら、もう。』……泣きたくて、でも、怒りたい感じ

こうすることで、ここまでにふれられなかった、かりんちゃんの気持ちも読みとることができます。

読みとった二人の気持ちを音読で表現して終わります。

板書例

ちょっとしたこと

・かりんちゃんがノートにらくがきをしたこと

・ノートにぐちゃぐちゃに書いた。

⬅

自分だったら

・こまる。

・おこる。

・なく。

ノートをじっと見ているすみれちゃん

・こまったな、どうしよう。

・なきたいのかおこりたいのか分からない。

ノートのらくがきを見ているすみれちゃんについて感じたこと

・どうしようかとまよっている。

・何で書いてしまったのかと思っている。

・おねえさんだから、こらえようとしている。

第5時 「何よ、これ。」～ノートを見ました。じっと。ずっと。

すみれちゃんの気持ちの変化を読みとろう

主な言語活動

・会話と様子の表現に着目して、気持ちの変化を話し合う。
・文・表現のわずかなちがいに注目して、人物の気持ちの変化を読みとる。

■おさまりのつかないすみれちゃんの気持ちを読みとる

泣きたいのか怒りたいのかわからずに、じっとノートを見つめていたすみれちゃんの様子と思いを振り返り、学習範囲の音読をします。

「すみれちゃんは、この場面でもまだ泣きたいような怒りたいような気持ちですか」

・もう違います。
・気持ちがちょっと変わってきました。

「気持ちが変わってきたのですね」と、気持ちの変化が書いてある場面ということをおさえます。

はじめは、どんな気持ちだったのかを話し合います。

「『何よ、これ。』の言葉を、すみれちゃんはどんな気持ちで言ったのでしょうか」

・言葉遣いが怒っている感じがします。
・何を書いたのか知りたいわけではないんだけれど、何と言っていいかわからないので、こう言いました。

このようにして、はじめは、まだ気持ちがおさまっていなかったことを読みとります。

■気持ちの変化したところを見つけて、話し合う

「すみれちゃんの気持ちが変わったことがわかるところに線を引きましょう」

・『お花。これがお花なの。』のところです。『何よ、これ。』という言い方とちょっと変わってきていて、優しそうになっています。
・『もういちど、ノートを見ました。じっと。ずっと。』のところです。かりんちゃんが、お花と言って、それを確かめようとして見ているから、もう怒っていないと思います。
・かりんちゃんも自分が大事にしている花が好きなんだと思って見ています。だから、気持ちが落ち着いたのだと思います。

■文を比べて考える

前の表記と比べます。ノートを見るすみれちゃんの変化がここにあります。

○前……『見ていました。』

○今……『見ました。』

二つを比べると、『見ました。』は、自分の強い意志で、よく見ようとしていることがわかります。表記の変化からも、「お花」と答えたかりんちゃんの言葉をしっかり受けとめようとしていることがわかります。

■気持ちの変化のわけを話し合う

「どうしてすみれちゃんは、気持ちが落ち着いてきたのでしょうか」

ノートにわけを書かせます。妹の素直な反応がすみれのお姉さんらしさを引き出していったことを話し合います。

・『お花。これがお花なの。』と聞いたら、一生懸命うなずいて窓の外を指さしたから、ああかわいいなと思ったから。
・自分がかわいがっているコスモスを妹が描いていたことがわかって、うれしくなったからです。
・好きなものが同じだったからやっぱりきょうだいだと思いました。
・「おべんきょ」の意味がわかったからです。

■変化の様子をもっともよく表している文を視写する

最後の一文『すみれちゃんは、もういちど、ノートを見ました。じっと。ずっと。』をノートに視写します。そして、『じっと。ずっと』見た時のすみれちゃんの気持ちをノートに書いて話し合います。

・かりんは、コスモスの絵をかいたんだ。わたしが大事にしているコスモス。かりんもきれいだと思ったんだな。なんだかちょっとうれしいな。

■まとめの音読をする

会話文をどのように読めばいいか話し合い、音読をします。

○『何よ、これ。』……少し怒っている。
○『お花。』……教えるように。
○『お花。これがお花なの。』……お花に見えなかったから、少しびっくりして。

板書例

すみれちゃんの気もちのへんか

・「何よ、これ。」
　おこっている。

・「お花。これがお花なの。」
　やさしいかんじ。
　気もちがおちついてきた。

○見ていました。
◎見ました。 ⬇ よく見ようとしている。

気持ちがおちついてきたわけ
・すなおなかりんちゃんを見て、やさしい気もちになった。
・自分の大事にしているコスモスをかりんちゃんがかいたから、うれしくなった。
・やっぱりきょうだいだと思った。

すみれちゃんは、もういちど、ノートを見ました。じっと。ずっと。

・かりんは、コスモスをかいたんだ。きれいだと思ってかいたんだろうな。

第6時 「あはは。」～最後

すみれちゃんの成長を考えよう

主な言語活動

・丁寧な言い方に着目して、変化を読みとる。
・最後の一文の大切さに気づき、テーマとのかかわりを話し合う。

■感想を発表し、大きな変化をつかむ

じっとずっとノートを見つめていたすみれちゃんの様子と思いを振り返り、学習範囲の音読をします。

音読をしたあとで、「この場面を読んで、どんなことを思いましたか」と問いかけます。

・すみれちゃんの気持ちは、大きく変わったと感じました。
・二人で笑い合っているところがおもしろいです。
・二人は仲よしだと思いました。
・すみれちゃんは、お姉さんらしくなったと思いました。
・すみれちゃんは、成長したんだなと思いました。

■笑い出したわけを話し合う

二人が笑い合っている場面を音読したあと、「笑い合っているときの二人の気持ちを考えましょう」と投げかけます。

・コスモスの絵がかわいく見えてきたからです。
・かりんちゃんが一生懸命描いたけれど、ぐちゃぐちゃだから、おかしくなったからです。
・かりんちゃんは、どうしてお姉ちゃんが笑ったかわからないけれど、自分の絵を見てくれて、お姉ちゃんが笑ったから、一緒に笑ったと思います。
・わたしの弟も、わたしが笑うと一緒に笑います。

「すみれちゃんはどんな気持ちですか」

・もう全然怒っていません。
・笑い合ったので、二人ともすっかり仲よしになりました。

■すみれちゃんの成長について話し合う

「すみれちゃんが、お姉さんらしいなと思ったところ、成長したなと思ったところを見つけて、線を引きましょう」

①『じゃあ、かりん。こんどはねえねがおべんきょうするから、ちょっとど

いてね。』

・言い方がお姉さんらしいと思いました。

「どの言葉がお姉さんらしいと感じましたか」

小さな妹に伝えるために、「丁寧に・わかりやすく」言っているところも文から見つけさせます。

・『じゃあ、かりん。こんどは』

・『ねえね』

・『ちょっとどいてね。』

などを指摘するでしょう。

特に、『こんどはねえねがべんきょうするから』という言い方のなかには、妹のした落書きを勉強と認めているニュアンスのあることに気づかせます。だからこそ妹も納得して、いすから下りたのです。

②『けしかけて、でもけすのをやめて、すみれちゃんは、つぎのページをひらきました。』

・ぐちゃぐちゃだし、ノートだから消そうと思ったけれど、かりんちゃんのことを思って消さなかったので、お姉さんだなと思いました。

■なぜ、かりんちゃんの絵を消さなかったのか話し合う

「どうして、消すのをやめたのでしょうか」

・お姉ちゃんみたいになりたくて、まねをしてノートに書いたかりんちゃんの気持ちを感じたから、消せなかったのかな。

・先生には、ちゃんと理由を話せば大丈夫だと思ったからです。

・大事な妹が一生懸命描いた絵だから、消さなかったと思います。

「みんながすみれちゃんだったら、どうしたでしょうね」

・やっぱり消さないと思います。

■「次のページをひらく」について考える

『けしかけて、でもけすのをやめて、すみれちゃんは、つぎのページをひらきました。』を音読し、次のように問いかけます。

「次のページを開いたのは誰でしょう」

・すみれちゃんです。

「どうして次のページを開いたのでしょう」

・次のページに宿題をしようと思ったからです。

「この言葉からどんな感じをうけますか」

・よし、やるぞという強い気持ち。

・新しいページに宿題をしようというやる気。

子どもたちが読みとるのは難しいのですが、「次のページを開きました」という表現は、「成長の新たな一ページを開く」を暗示しています。

■題名の意味を考える

「題名の『わたしはおねえさん』は、誰のことでしたか」

・すみれちゃんです。

「なぜ、『わたしはおねえさん』という題名なのでしょう」
と問いかけ、物語の主題にせまります。

・すみれちゃんが成長して、お姉さんになったからです。

この問いが難しい時には、

「お話の最初と最後では、すみれちゃんは何か変わりましたか」と聞くと、

・少しおねえさんになった。

という答えが返ってくるでしょう。

「すみれちゃんのどんなところがおねえさんになったと思いますか」

と、すみれちゃんの成長について話し合います。

・妹の落書きを消さなかったところ。

・かりんちゃんのことを許してあげられるようになったところ。

・お姉さんだから、がまんしたり、年下の子のしたことの気持ちまで考えたりできるようになったところ。

「すみれちゃんはおねえさんとして、成長したのですね。だから『わたしはおねえさん』という題名なのかもしれませんね」

■まとめの音読をする

すみれちゃんの優しい気持ちが表れるように最初から最後までを音読をします。

板書例

すみれちゃんのせいちょう

・『じゃあ、かりん。こんどはねえねがおべんきょうするから、ちょっとどいてね。』

・こんどは
・ねえね
・ちょっとどいてね

『けしかけて、でもけすのをやめて、すみれちゃんは、つぎのページをひらきました。』

↓

かりんちゃんの気もちを考えてけさなかった。

妹が一生けんめいかいた絵だから。

つぎのページをひらきました。

・新しい気持ちで、次のページに宿題をやろうという気持ち。

・ページと同じように、すみれちゃんも前にすすんだ。→ せいちょうの一ページ

⬅ すみれちゃんは、おねえさんとしてせいちょうした。

第7時

心に残ったことを書き抜き、話し合おう

主な言語活動

・登場人物の行動で心に残ったことを書き抜き、理由を書く。

・友だちの選んだところを読み比べる。

■心に残った言葉や文を書き抜き自分と比べて書く

物語のなかで一番印象に残った文や言葉を選び、ノートに書かせます。そして、その部分を選んだ理由も書きます。この時、自分の経験を入れて書ける子には、それも入れて書かせます。

> けしかけて、でもけすのをやめて、すみれちゃんは、つぎのページをひらきました。
>
> わたしもおとうとに、プリントにらくがきをされたことがあります。その時はおこって、けしました。でも、すみれちゃんはらくがきをけさなかったので、こころにのこりました。

■グループで発表し合う

四人程度のグループで、自分の選んだ部分と、なぜそこを選んだのかを発表し合います。

・私は、『けしかけて、でもけすのをやめて、すみれちゃんは、つぎのページをひらきました。』のところが心に残りました。なぜかというと、私も弟にプリントに落書きをされたことがあったからです。そのときは怒って消しました。だけど、すみれちゃんは消さなかったので、心に残りました。

・僕は、『ふたりでたくさんわらってわらって』のところが心に残りました。なぜかというと、すみれちゃんとかりんちゃんが仲直りして、前よりももっと仲良くなった感じがしていいなと思ったからです。

グループでの発表が終わったら、クラス全体で、どこの部分を選んだか発表してもよいでしょう。自分と同じところを選んだ子もいれば、違うところを選んだ子もいて、人それぞれ心に残った場面が違うことに気づかせます。

第8～10、11時

自分の成長を書こう
すみれちゃんのほかの話を読もう

【第8～10時】

［書き方］

三つの段落をつくって書くことを伝えます。

①二年生になって、お兄さん・お姉さんになったなと思うことを書く。

②一年生のときは、どうだったかを書く。

③二年生になってからの、具体的な行動や、成長した理由を書く。

例文を提示しながら書き方を伝えることで、書くことが苦手な子も、安心して書くことができるようになります。

書いたものは、発表したり、学級通信に載せたりして、互いの成長を認め合えるようにします。

作文例

おねえさんになったよ

① わたしが、二年生になって、おねえさんになったなと思うことは、友だちとけんかをしても、なかなくなったことです。

② 一年生の時には、友だちとけんかをすると、いつもないていました。

③ 二年生になってからは、なかないで、自分の思ったことを、友だちにつたえるようにしています。そうすると、友だちがゆずってくれたり、話し合って、かいけつできたりするようになりました。

主な言語活動

・二年生になってからの自分の成長を書く。

【第11時】

■すみれちゃんのほかの話を読む

すみれちゃんシリーズの本は何冊か出ているので、それを読むのもおもしろいです。

『すみれちゃん』偕成社

『すみれちゃんのあついなつ』偕成社

『すみれちゃんは一年生』偕成社

図書館にお願いすると、地域の図書館にある本をまとめて学校に送ってくれる場合があります。その場合には、一人一冊読むことができます。

教師が読み聞かせをしてもよいでしょう。

（山本　瑠香）

Ⅱ 説明文　たしかな読みを

1 時間の順序や理由づけを表す言葉に着目し、様子やわけを考えながら読む

「たんぽぽのちえ」

植村利夫　作
（光村図書・二年上）

文末表現の違いに着目して、様子とその理由をつかみながら、順序よく読む。

ノート例①　時間の順序を追って、絵で表現する

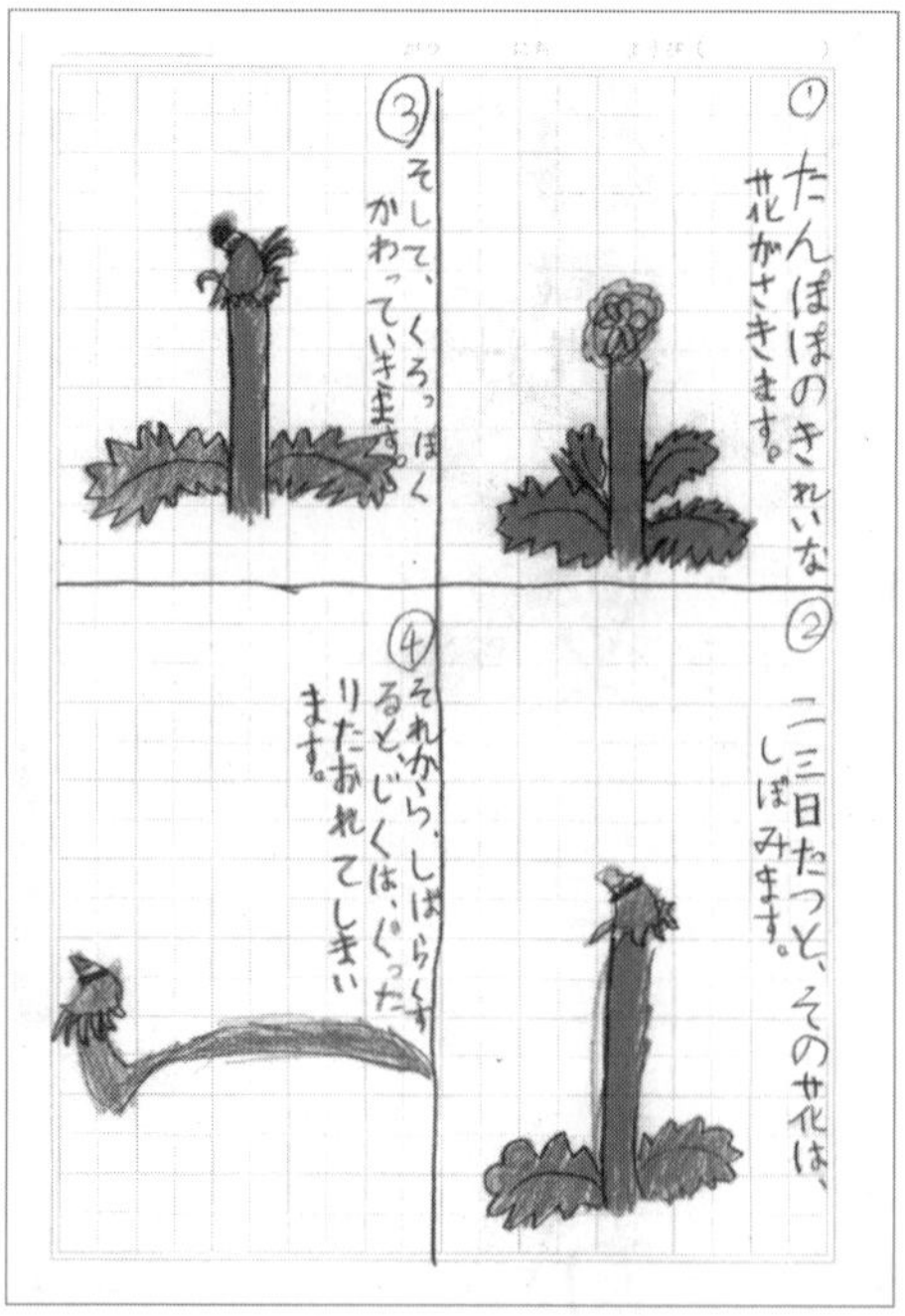

①たんぽぽのきれいな花がさきます。
②二、三日たつと、その花は、しぼみます。
③そして、くろっぽくかわっていきます。
④それから、しばらくするとじくは、ぐったりたおれてしまいます。

ノート例②　様子やわけを読みとり、絵に描く

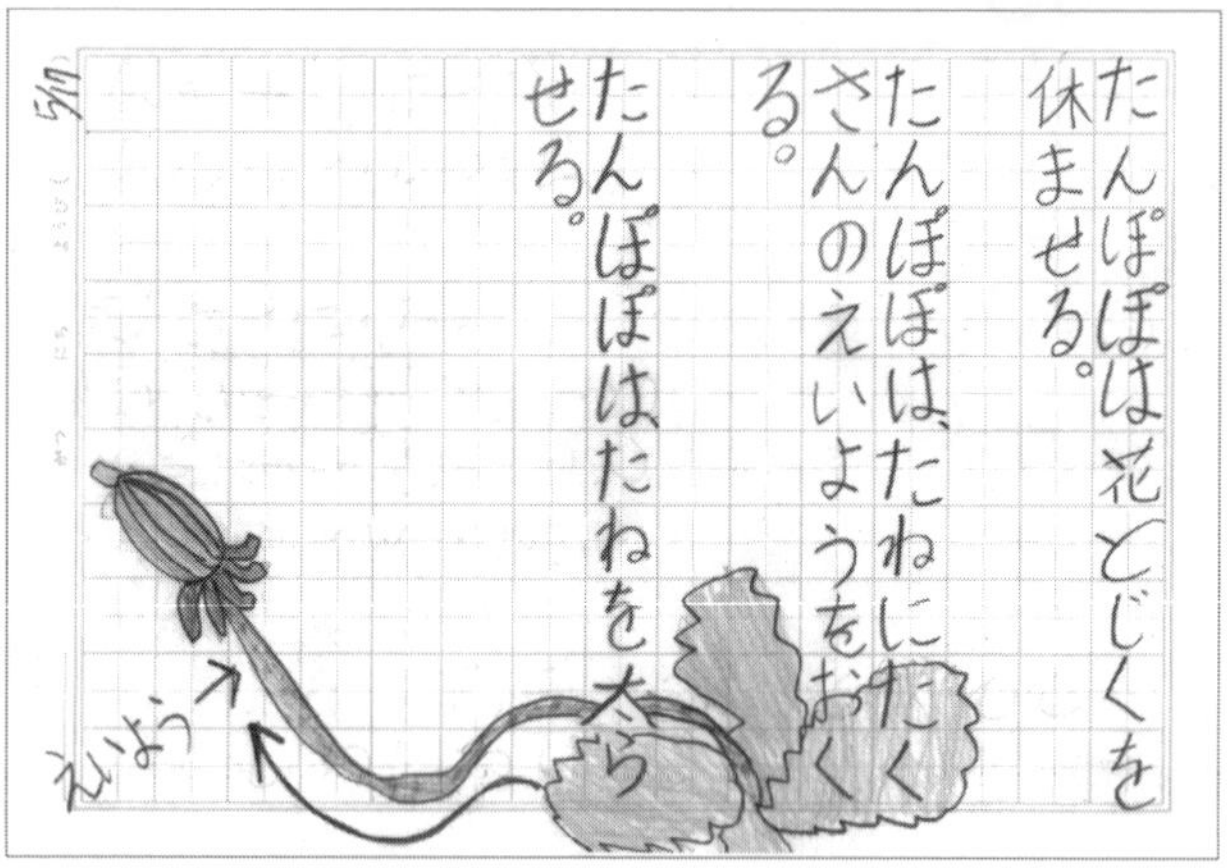

たんぽぽは花とじくを休ませる。
たんぽぽは、たねにたくさんのえいようをおくる。
たんぽぽはたねを太らせる。
えいよう

ねらいと学習の重点

　身近な存在であるたんぽぽに「ちえ」があると言ったら、子どもたちは「どんなちえだろう」と興味をもつことでしょう。「ちえ」を追究していくことによって、自然界のすばらしいしくみにたどりつくことができます。説明文を順序に沿って読んでいくおもしろさを味わい、自ら説明文を読んでいこうという子どもを育てていきます。

　時の移り変わりに伴うたんぽぽの成長の変化を中心にして追って読んでいきます。その中で、たんぽぽのその時々の様子にはそれぞれわけがあり、「なぜそのような様子なのか」を本文と挿絵から読みとります。絵に表したり、文末表現をおさえたりしながら様子やわけを読んでいきます。

　また、読みとったことを自分の言葉で言いかえる活動を行うことで、より思考力・表現力を養います。

■学習指導計画【9時間】

時	学習内容	学習活動
1	あらましをつかみ、読みの課題をつくろう	○たんぽぽについて知っていることを発表する。 ○段落に番号をふりながら全文を読む。 ○初めて知ったことや疑問に思ったことなど感想を書き、読みの課題をつくる。 ○たんぽぽはどんなときにどんな知恵をはたらかせているのか、また、それはなぜかを読みとっていくことを知る。
2	一番目の知恵（花の軸を倒す知恵）を読みとろう	○第一・二・三段落を読む。 ○主語と述語を正確にとらえる。 ○軸が倒れる様子を、時を表す言葉を手がかりに絵と文でまとめる。 ○種を太らせるためにじくを休ませる知恵を読みとる。
3	二番目の知恵（綿毛ができる知恵）を読みとろう	○第四・五段落を読む。 ○落下傘のような綿毛ができるのはなぜか読みとる。 ○種を飛ばすために綿毛を作る知恵を読みとる。
4	三番目の知恵（背を高くする知恵）を読みとろう	○第六・七段落を読む。 ○花の軸が起き上がり、ぐんぐんのびるのはなぜか読みとる。 ○背を高くして綿毛に風をよく当て、種を遠くまで飛ばす知恵を読みとる。
5	四番目の知恵（天気によって綿毛の開き方を変える知恵）を読みとろう	○第八・九段落を読む。 ○天気によって綿毛の様子が変わることを読みとる。 ○種を遠くに飛ばすために、綿毛が湿って重くなる雨降りの日には落下傘をすぼめ、晴れの日には落下傘を開く知恵を読みとる。
6	たんぽぽがいろいろな知恵をはたらかせているわけを読みとろう	○第十段落を読む。 ○四つの知恵は新しい仲間を増やしていくための知恵であることを読みとる。
7	事実と理由を表す文末表現のちがいを知り、短文づくりをしよう	○文末表現をつかって理由を述べる文を書く。
8 9	たんぽぽの知恵の不思議を家の人に教えよう	○学習したことを振り返り、絵と文章を書く。

授業展開

第1時

あらましをつかみ、読みの課題をつくろう

■たんぽぽについて知っていることを発表する

たんぽぽは子どもたちにとって身近な植物です。首飾り・花かんむり・綿毛飛ばしなど、いろいろな遊びを通して接しています。たんぽぽで遊んだ経験や知っていることを発表し、興味をもって読み進めていけるようにします。

「たんぽぽで遊んだことはありますか。また、たんぽぽのことで知っていることはありますか」

・○○公園にいっぱい咲いていました。
・首飾りをお母さんといっしょに作りました。
・綿毛を吹いて飛ばしたことがあります。

■段落に番号をふり、はじめ・中・おわりの三つのまとまりに分けながら読む

たんぽぽについて知っていることを十分発表させたところで、全文を読みます。段落には、①②③……⑩のように書き込みます。はじめの読みは句読点で区切りながら子どもにあと追いさせながら読みます。この「連れ読み」で、わからない読み方がないようにし、話のあらましをつかませます。

「先生が読むのでそのあとについて読んでください。読みながら、段落に①②③…と書き込みなさい」

①春になると、
・春になると、
「たんぽぽの黄色いきれいな花がさきます。」
・たんぽぽの黄色いきれいな花がさきます。

このように連れ読みをして、十の段落に分かれることを確認します。

主な言語活動

・段落に番号をふることで、時間の変化とともに様子が変わっていくことに気づく。
・感想をもとに課題をつくる。

■感想を書く

ノート例③　初発の感想

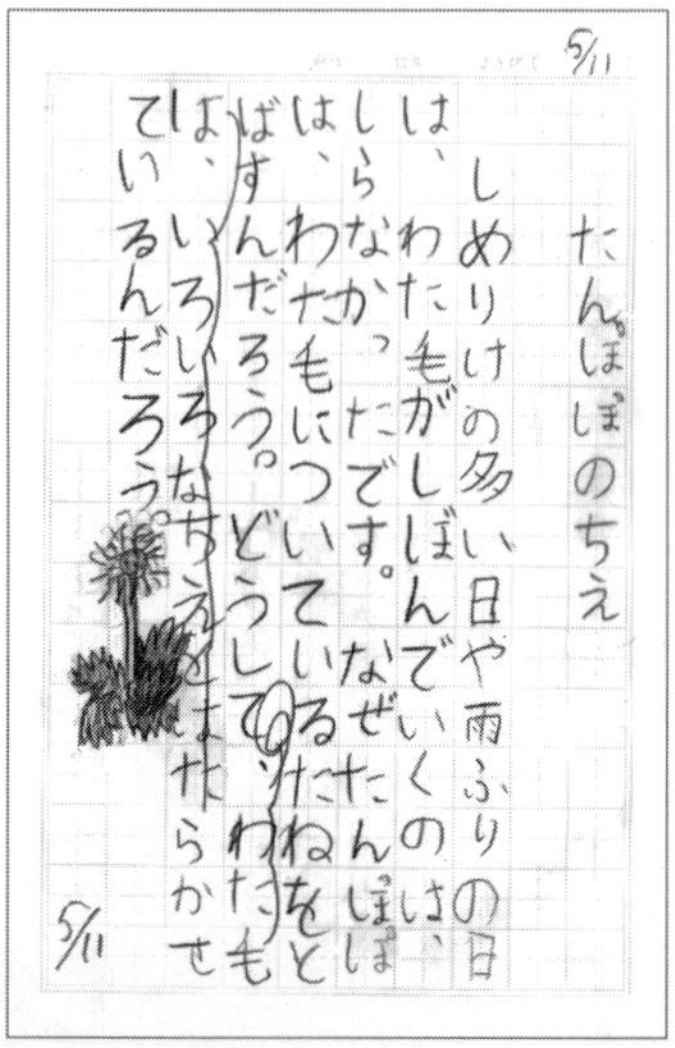

「わかったことや初めて知ったこと、もっと知りたいこと、不思議に思ったことなどをノートに書きましょう」

書き終わったら発表します。発表の要点をおさえながら板書していきます。この初発の感想が読みの課題につながっていくので、項目を整理しながら書きます。

板書例（部分）

【かわっていくようすについて】
・じくがたおれたのに、かれたのではなくて、またおきあがるなんてびっくりした。
・わた毛にたねがついているんだ。
・わた毛ができるころ、じくがぐんぐんのびるなんてはじめて知った。
・わた毛のらっかさんは、晴れて風がある日にとおくまでとぶよ。
・雨ふりの日はわた毛がしぼむのは知らなかった。

【知りたいこと・ぎもん】
・なぜたんぽぽは、わた毛についているたねをとばすのだろう。
・どうしてたんぽぽはいろいろなちえをはたらかせているのだろう。

■読みの課題をつくる

子どもの感想をもとに読みのめあてをつくっていきます。

『「じくがたおれたのに、またおきあがる」「わた毛にたねがついている」「じくがぐんぐんのびる」など、これらをまとめて何と言いますか』

「たんぽぽの（　）」と板書し、（　）に入る言葉を考えさせます。

・「ちえ」です。

「そうですね。たんぽぽの知恵についてこれから読んでいきます。では、『ちえ』のどういうことを考えて読むのですか」

「（　　）ちえがあるのか。」「（　　）ちえをはたらかせているのか。」と板書し、感想に注目して（　）に疑問詞を入れるようにします。

・「どんな」と「なぜ」が（　）に入ります。

板書例（部分）

たんぽぽの（ちえ）
かだい
（どんな）ちえがあるのか。
（なぜ）ちえをはたらかせているのか。

（　）に疑問詞を入れて「たんぽぽは、どんなときにどんなちえをはたらかせるのか・なぜそういうちえをはたらかせるのか」という読みのめあてをつくります。

第2時

【第一～三段落】

一番目の知恵（花の軸を倒す知恵）を読みとろう

■たんぽぽの様子を読みとる

本文を音読してから、ここには「たんぽぽの花と軸のこと」が書かれていることをおさえます。

「たんぽぽの様子が書いてある段落はどこですか」

・一段落と二段落です。

「いつ・何が・どうなるのか、たんぽぽの様子をノートに書きましょう」

時を表す言葉を示しておいて、続きを書くようにします。

[春] たんぽぽの花が、さく。
[二、三日たつと] 花は、しぼむ。
[だんだん] 花は、くろっぽい色にかわる。
[そうして] じくは、たおれる。

■理由を表す文について話し合う

三段落を音読します。そしてこう聞きます。

「ここは、たんぽぽの様子ですか」

・様子です
・違います

この二つの発言をもとに話し合います。

◇「けれども」に注目しての話し合い

・「たおれた」のは様子、本当《事実》だけれどもそれは、枯れたのではないと説明している。だから、説明の文です

◇文末に注目しての話し合い

・栄養を送っているのです。
・太らせるのです。

～のです。という言葉に注目して、理由の述べ方であることに気づかせます。

「何についてのわけが書かれているのか」を確認して

板書例

②だんらく
じくがたおれる……じじつ・ようす
③だんらく
えいようをおくる・
たねを太らせる……たおれるりゆう

というようなまとめ方をします。

このことは、次の絵を描くなかでさらにはっきりします。一、二段落は様子なので絵になるのですが、三段落は絵にならずに絵に加える言葉や説明になるはずです。

主な言語活動

・時を表す言葉に合わせて書きぬく。
・様子とわけに分ける。

■短文づくりを通して「けれども」の役割を知る

「けれども」は、論理の展開を表す重要な語句です。日常生活ではこのような改まった言い方はあまりしません。「でもね」「だってね」「だけどね」など、それにかわる語句を用いたり、ほかのつなぎ言葉と比べたりすることによって、「けれども」の役割に気づかせたいものです（「ところが」などの逆説のつなぎ言葉も子どもから意見として吸い上げることができるとよいでしょう）。

「次の文に続けて『けれども～のです。』を使い、意味の通る文を考えましょう」

板書例

> わたしは、おなかがすきました。
> （けれども、自分では何も作れないのです。）
> （けれども、食べる物は何もありません。）

■絵と文に描いて話し合う

「では、たんぽぽが種に栄養を送っている様子を絵と文で描いてみましょう」

絵には「たおれる」「じく」などの言葉を添えるようにします（72ページノート例②参照）。

描き終わったら、絵を見ながら、どうして軸を倒すのか発表し合います。

「たんぽぽは、どうして軸を倒すのでしょう。絵を見て話してください」

・種に栄養を送るためです。
・たくさん種を作りたいからだと思います。
・大きくていい種にしたいからです。
（・高いところよりも低いところのほうが楽に栄養をたくさん送れるからだと思います。）

こうしてよい種をたくさんを作ることをおさえます。

■たんぽぽの一番目の知恵を、様子とそのわけに分けてノートにまとめる

「ここには軸の倒れる様子と倒れるわけが書いてありましたね。これを一言で言うと何と言いましたか」

・たんぽぽの知恵です。

では、「たんぽぽの一番目の知恵」をノートにまとめましょう。

板書例

> たんぽぽのちえ1
> 花のじくをたおすちえ
> 【ようす】
> たんぽぽの花のじくは、ぐったりじめんにたおれてしまいます。
> 【わけ】
> 花とじくをしずかに休ませてたねにたくさんのえいようをおくっているのです。
> ⬆
> 太ったよいたねができるため

第3時 【第四・五段落】

二番目の知恵（綿毛ができる知恵）を読みとろう

■様子とわけに分ける

本文を音読します。前時の学習を受けて少し発展させます。視点を与えて読みます。

「第四・五段落を読んで、様子に――、わけに～～を引きましょう」

発表して、様子とわけを確認しながら分けてノートに書きます。

板書例

【様子】
やがて、花はすっかりかれて、そのあとに、白いわた毛ができてきます。
このわた毛の一つ一つは、ひろがると、ちょうどらっかさんのようになります。
【わけ】

たんぽぽは、このわた毛についているたねを、ふわふわととばすのです。

■変化と様子について話し合う

「たんぽぽはどうなりましたか」

・やがて、少したつと、花はかれます。そのあとに白い綿毛ができてきます。

「どこにできるのですか」

・「そのあとに」だから、花があったところです。

「花が変化するということですね」

■たんぽぽのちえについて話し合う

主な言語活動

・文に傍線と波線を引きながら文章の構成を考える。
・様子とわけから、たんぽぽの知恵をまとめる。

板書例

たんぽぽのちえ2
わた毛ができるちえ

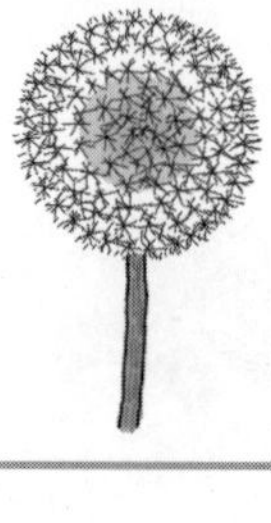

【ようす】
白いわた毛ができてきます。
【わけ】
わた毛についているたねを、ふわふわととばすためです。

「この中で、『たんぽぽのちえ』とはどんなことを言っていますか」

・綿毛ができることです。

という発言をもとにして、どんな「ちえ」なのかを話し合います。

らっかさんのようになって飛ばすことを教科書の絵でも確認します。

第4時 **【第六・七段落】**

三番目の知恵（背を高くする知恵）を読みとろう

■様子とわけに分けて読みとる

本文を音読します。

「第六・七段落を読んで様子に――、わけに～～を引きましょう」

確認しながら様子とわけに分けてノートに書きます。そして話し合います。

板書例

【様子】
このころになると ⬆（わた毛ができるころ）
花のじくが起き上がる。
じくが、のびる。

『なぜ、こんなことをするのでしょう。』のあとにわけが書いてあることを押さえます。

また、「なぜ～でしょう。」に対して
・～からです。
というわけ（理由）を表す表現を見つけるとそこにわけが書いてあることがわかります。

板書例

【わけ】
『それは、たんぽぽは、せいを高くするほうが、わた毛に風がよくあたって、たねをとおくまでとばすことができるからです。』

■様子について話し合う

様子についてノートに絵と文で書かせます。

主な言語活動

・たんぽぽの様子とそのわけを絵に描いたり動作化したりすることで読みとる。
・たんぽぽの知恵をまとめる。

「じく」や「ぐんぐんのびる」という言葉も絵に添えるようにします。

「絵を見せながら書いたことを発表しましょう」

・じくがぐんぐん伸びます。
・ぐんぐんという言葉から勢いよく高く伸びていく感じがします。

ノート例④

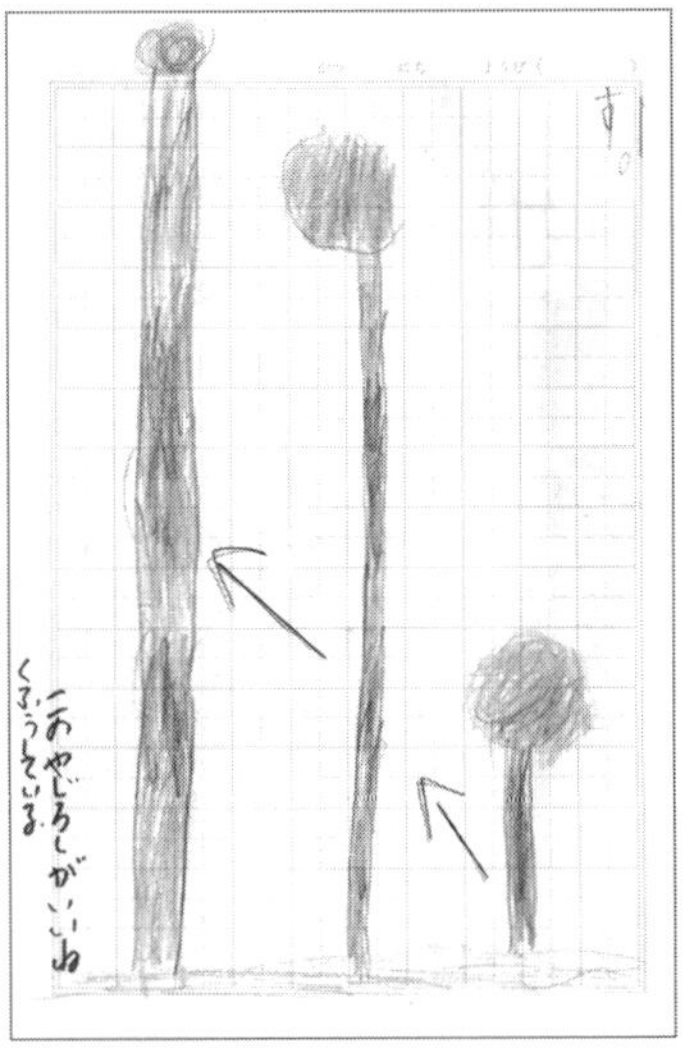

「ぐんぐん軸が伸びる様子をたんぽぽになってやってみましょう」と動作化によって確かめてもよいでしょう。

■背を高くするわけを話し合う

「なぜ、背を高くするのでしょう」

・たんぽぽは、太った種をたくさん飛ばしたいからです。
・背を高くするほうが風がよく当たって遠くまで種を飛ばせるからです。
・高いほうが風が強いし、じゃまするものもないから風がよく当たるんだと思います。
・紙飛行機を飛ばすときも高いところから飛ばすほうが遠くまで飛びます。

■指示語を言いかえる

「『それは』が何を指すか考えて、言い換えて書きましょう」

指示語が示す内容は直前の文に着目すればよいことを知らせます。

・それは――（たおれていた花のじくがおき上がり、せのびするようにぐんぐんのびるのは）――せいを高くするほうが、わた毛に風がよくあたって、たねをとおくまでとばすことができるからです。

続きの文は書いておいて（　）の中に書かせるようにします。

■たんぽぽのちえをノートにまとめる

第六段落の『ぐんぐんのびていきます。』と第七段落の『たねをとおくまでとばすことができるからです。』を絵と文でノートにまとめます。理由を先に述べさせるやり方を例示するとよいでしょう。

（　　　　　　）ために
（　　　　）をぐんぐん伸ばします。

このように言いかえて理解させることができます。

※「ふきのとう」では、春風はせのびでした。ここではせいとなっています。同じものを指していますが言葉が違うことに気づかせ、言語感覚を育てることもできます。

板書例

たんぽぽのちえ3

せいを高くするちえ

【ようす】（じかんをあらわすことば）
このころになると、それまでたおれていた花のじくが、また**おき上がります**（ようす）。
そうして（ようす）、せのびをするように、ぐんぐん**のびていきます**。

【わけ】
せいを高くするほうが、わた毛に風がよくあたって（わけ）、たねをとおくまでとばすことが**できるからです**。

第5時

四番目の知恵（天気によって綿毛の開き方を変える知恵）を読みとろう【第八・九段落】

■よく晴れた日の綿毛の落下傘について話し合う

本文を音読したあとで、絵を見て話し合います。

「なぜ、よく晴れて風のある日に綿毛の落下傘は、いっぱいに開くのでしょう」

・晴れていると乾いているからです。
・習字の筆はしめっているとくっついていますが、乾くとボサボサになります。

「いっぱいに開くと、どんないいことがあるのですか」

・遠くまで飛んでいけます。
・種を遠くまで運べます。

「いっぱいにひらく」を「いっぱいひらく」と誤読したような読みが出たときには、

> いっぱいのらっかさんがひらく。
> らっかさんがいっぱいにひらく。

と並べて書いてから話し合います。こうすることで、「いっぱい」はどこを修飾しているかを考えさせます。

■絵で確認する

そして、いっぱいに開いたところを絵に書きます。

・落下傘が、「いっぱいに」開くのだからこんなふうになると思います（図1）。

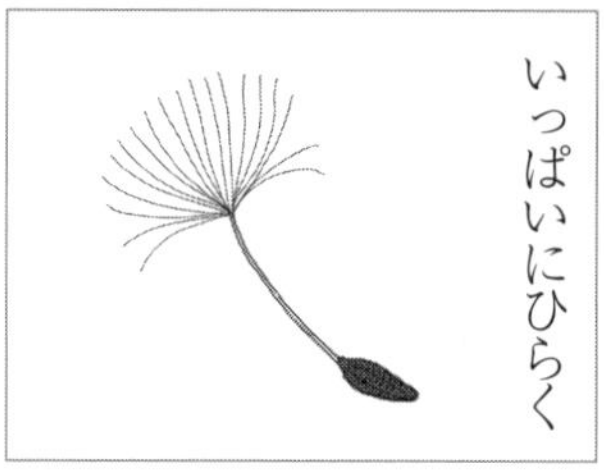

図１　落下傘が開く

主な言語活動
・絵に描き言葉の感覚をつかむ。
・まとめて表現する。

このように、描いた絵を見せながら話し合います。

絵でわかったら、それを言葉にします。

・もう開けないくらいに開くことです。
・限界まで開くってことです。

「そうすると風に乗って飛んでいくのにちょうどいい形になるのですね」

■雨の日の落下傘について話し合う

ここも様子とわけに分けてノートに書き、発表します。「ここは、『どんな日』のことですか」と聞きます。

「『でも、しめり気の多い日や、雨ふりの日には』と書いてありますが、何と比べて『で

も』と言っているのですか」

・晴れて、風のある日

このようにして、「でも」をおさえます。

　晴れの日…落下傘がひらく

　でも

　雨の日…落下傘がすぼむ

このように対比することでなぜだろうかという内在された問いが浮かんできます。次の文の「それは」につながっていくのです。

・「綿毛が湿って遠くまで飛ばすことができないから」

という理由を読みとります。

「綿毛の落下傘がすぼんだ様子を絵に描きましょう」

描いた絵を見せ合いながら、たんぽぽが『すぼむ』というのはどんなふうになることかを話し合います。

・図1がいっぱいに開くで、図2がすぼむ（黒板に描く）。

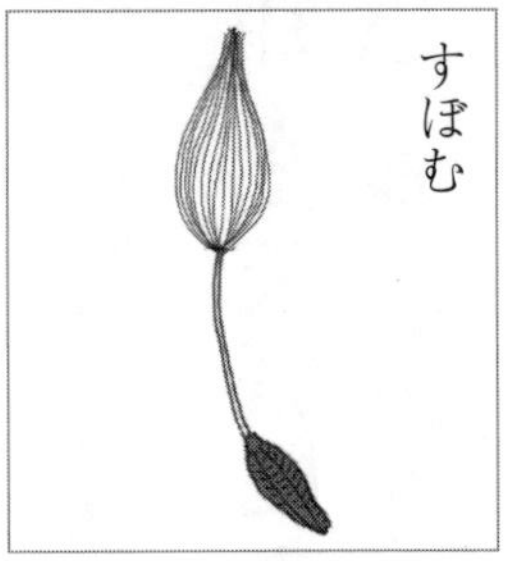

図2　らっかさんがすぼむ

絵を見ながら、言葉でも言わせます。

・すぼむというのは、折りたたむ感じです。

・広がっていたのが狭くなる感じです。

・細長くなる感じです。

すぼむわけについてもふれさせるようにします。

「すぼむと風はどうなりますか」

・あまり当たりません。

・雨の日には湿って遠くまで飛ばないから、落下傘をすぼめて風に当たらないようにして、晴れて乾くまで待ちます。

動作化して「すぼむ」様子を確かめます。

晴れの日の落下傘

雨の日の落下傘

「しぼむ」と「すぼむ」のちがいについては、103ページのコラムに詳しく書いてあります。

■たんぽぽの四番目の知恵を一文にまとめる

・晴れた日→いっぱいに開く

　雨の日→すぼむ

このことを「天気によって」ということばをつかってまとめさせます。話し合いのなかで板書のような表現にまとめていきます。

板書例

たんぽぽのちえ4

天気によってわた毛の開き方をかえるちえ

【ようす】

よく晴れて、風のある日、いっぱいにひらいて、とおくまでとんでいく。

しめり気の多い日や、雨ふりの日、すぼんでしまう。

【わけ】

わた毛がしめって、おもくなると、とおくまでたねをとばすことができないからです。

第6時　【第十段落】

たんぽぽがいろいろな知恵をはたらかせているわけを読みとろう

■接続詞に着目して第十段落が全体のまとめの段落であることをおさえる

本文を音読してから聞きます。

「第十段落は全体のなかでどのような役割の段落と言えますか」

・全体をまとめている段落です。

・「このように」ということばから、今まで書いてきたことのまとめが書かれていることがわかります。

まとめの大事な段落なので全文を書き写します。それを音読したあとで文が二つあることをおさえます。

その関係を次のようにおさえます。

（一文目）いろいろなちえをはたらかせている。

↑

（二文目）なかまをふやすため。

これを一文に書きます。わけを先に書くようにします。

・たんぽぽは仲間をふやすために、色々な知恵をはたらかせています。

これが、「まとめの文」になります。

主な言語活動

・まとめの文を書く。

・絵に表して読みを広げる。

板書例

【たんぽぽのちえ】

○たねを太らせるちえ

・じくをたおすちえ

○たねをとおくまでとばすちえ

・わた毛でらっかさんを作るちえ

・せいを高くするちえ

・天気によってひらきかたをかえるちえ

⬅

【わけ・ねらい】

あちらこちらにたねをちらして、あたらしいなかまをふやすため。

■「ちえ」が仲間をふやすことにつながっているか話し合う

これまでの学習を振り返って学んだことを「仲間をふやすこと」に結びつけて説明します。

・種を太らせる→いい芽が出る→元気な仲間をふやす

・遠くまで飛ばす→あちらこちらに仲間がふえる

・あちらこちらに種を飛ばす→ここは枯れてしまっても、あちらは生きのこることができる

ここでは矢印で示しましたが、実際の発表では、

・種を太らせると元気な芽が出て大きく育つので、仲間をふやせます。

のように、関連づけて話すことが大事です。

■新しい仲間を増やしている絵を描き話し合う

「飛んで行った種はどこでどんな花を咲かせるでしょうか。絵に描いてみましょう」

・「あちらこちら」と書いてあったから何か所も描いていいですか。

こんなやりとりのあとで描いていきます。見せ合って話し合います。

駐車場のすみっこに生えたたんぽぽ、屋根のはじに生えたたんぽぽ、コンクリートの隙間から顔をのぞかせているたんぽぽ、など、仲間をあちらこちらに増やしている様子の絵が出てくるでしょう。

第7時

事実と理由を表す文末表現のちがいを知り、短文づくりをしよう

■文末でわけを表す

子どもたちに理由を述べさせると、「どうしてかというと」という表現が目立ちます。これは頭の部分が重い文になりがちです。そこでその言葉がなくても、文末を「〜からです。」にすると理由を述べる文になることを指導します。また、「それは〜のためです。」という表現でもよいことを伝えます。

「どうしてかというと」という文と並べて書いてみると、すっきりした文であることがわかるでしょう。

様子が書いてある文の文末は「〜ます。」です。

【わけが書いてある文の文末】

・〜のです。
・〜のためです。
・〜からです。

■『〜ます。〜のです。』を使ってかんたんな文章を作る

ノートに短文をつくらせます。

・庭にたくさんのチューリップが咲いています。チューリップが大好きなおばあさんのためにお母さんが植えたものなのです。
・給食のときは机にテーブルクロスをしきます。それまで勉強に使っていた机を食事用テーブルにするためです。

短い文章づくりをさせると、早く書き上げる子どもと時間がかかる子どもとの差が出てくることがあります。そこで、一つできた子どもは教師のところに持って来させ、一読したらみんなの前で読ませます。ほかの子どもは書きながら聞くことにします。何も思い浮かばない子どもは発表者の短文をヒントにしてつくってよいことにします。

主な言語活動

・様子と理由を表す文末表現のちがいを知り、短文づくりをする。

■一文で書く

二文構造がむずかしい場合は一文（短文）にします。

（　　）のは（　　）からです。
（　　）は（　　）のためです。

のような形を与えておくと、やりやすいでしょう。

第8・9時
たんぽぽの知恵の不思議を家の人に教えよう

主な言語活動

・家の人に教える文章を書き、読んだ感想を述べ合い、交流する。

■家の人に伝える文章を書く

「たんぽぽの知恵を知らない家の人に教えてあげましょう」

様子やそのわけを、学んだ表現様式を使って書かせます。

「何を」……たんぽぽの知恵の不思議を
「だれに」………家族に
「どうするか」……教えよう

題材・相手・目的を設定します。それらがそろったときにはじめて、子どもは「こういうふうに書こう」と表現を選びます。

たんぽぽを「知恵」という視点でとらえ、自然のしくみのすばらしさを伝える文章を書かせます。

教科書の表現をまねながらも、ところどころに自分なりの理解を取り入れて、考えをまとめ、家の人にわかりやすく文と絵で説明させます。

【作品例】

たんぽぽは春にさく花です。

さいてから、一、二、三日たつと、しぼんでだんだんくろっぽくなります。そして、じくはたおれてしまいます。だけど、かれてしまったのではないのです。それは、じくをしずかに休ませて、たねにえいようをおくっているのです。

花がかれたら、白いわた毛ができます。たんぽぽはそのわた毛をとばすのです。

せいを高くするほうがわた毛にかぜがよく当たってたねをとおくまでとばすことができます。

よく晴れた日はわた毛はとおくまでとんでいきます。わた毛のらっかさんがいっぱいにひらいているからです。

でも、雨ふりの日には、わた毛はすぼんで晴れる日をまっています。そのわけは、わた毛がしめっておもくなってしまうと、たねをとおくまでとばすことができないからです。

いろいろなちえをはたらかせてたんぽぽはあたらしいなかまをふやそうとがんばっているのです。たんぽぽでいっぱいにしようとしているのです。

お母さん、こんどさいているたんぽぽをいっしょに見てみようね。

【作品例1に添えた絵】

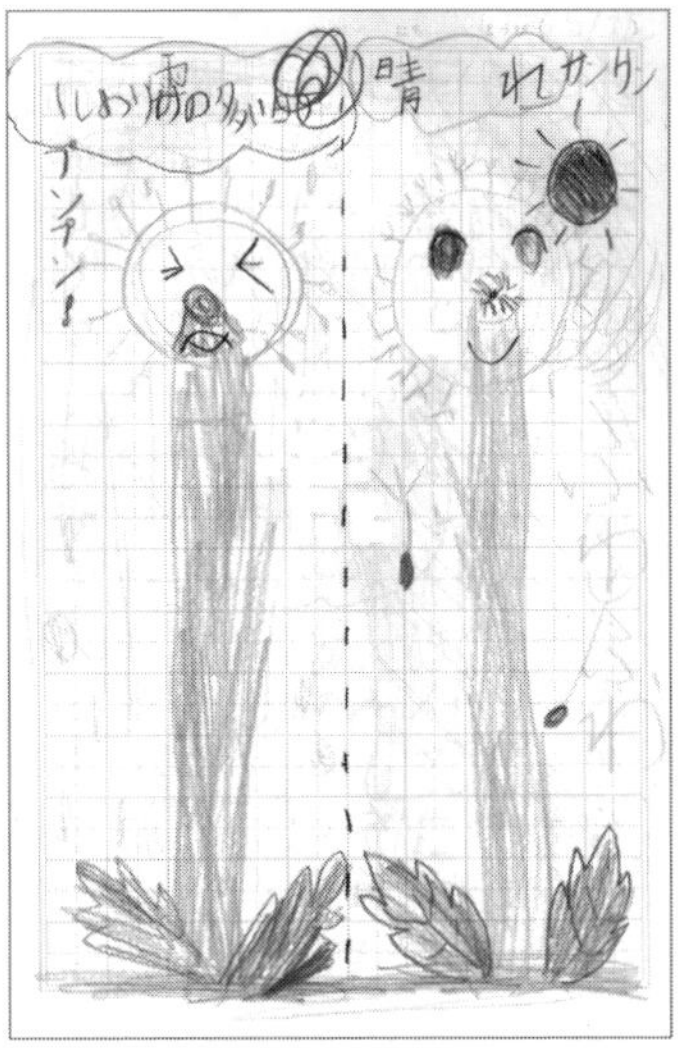

【作品例2】

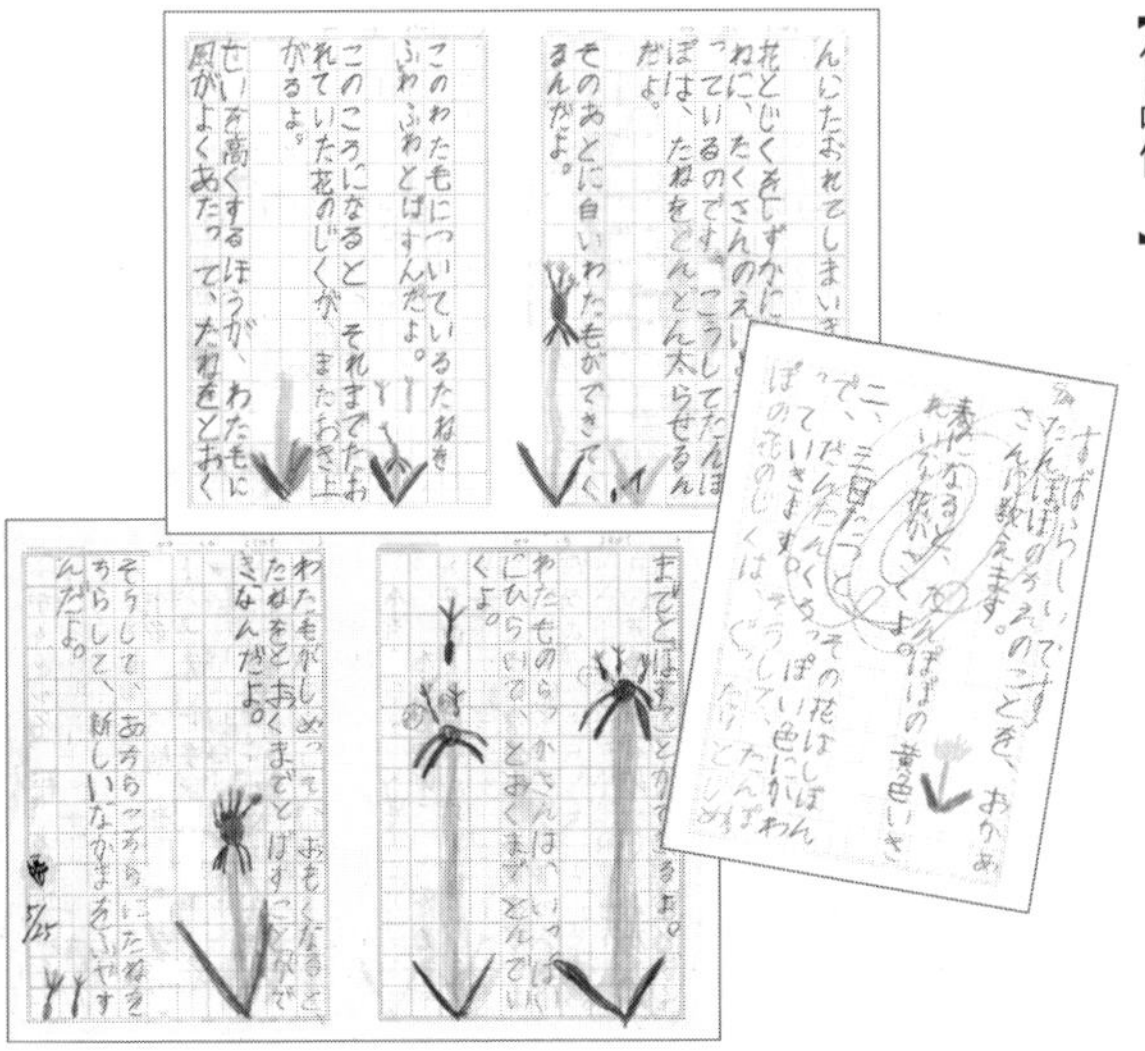

■交流する

書き終えたら、ペアになり、書いた文章を交換して、読んだ感想を述べ合います。こうすることで、仕上がりの進度調整をすることができます。感想を言い合ったら、新しいペアを作ります。

・字のまちがいを見つけたよ。
・こうしたほうがわかりやすいよ。
・この言い方はとってもいいね。
・なるほど、こういう説明のしかたもあるんだね。

互いの書き方について交流し、推敲したり、友だちの言い回しを自分の文に取り入れたりしてもよいでしょう。

ほぼ全員が一通り交流したところで、友だちの作品のよいところをたずねます。

「友だちの作品で気に入ったものがあったら教えてください」

・○○さんの「お母さんに教えます」がとてもわかりやすかったです。
・○○さんの「弟に教えます」は小さい子でもわかるようにやさしい言葉に直して書いてあります。教科書に書いていないところにも絵の説明があって、すごくよかったです。

友だちからよい作品と認められる経験は大きな自信となります。また、よい作品を選び出す目（評価する視点）を養うことにもなります。

最後に全員の前で一人ずつ発表させます。絵入りの説明文は、実物投影機などで大きくスクリーンに映し出して発表させます。発表の後は、必ず聞き手、話し手ともに感想を言ってもらいます。

家の人に読んでもらったら、一言感想をコメントしていただくように、学年便りなどでお願いしておくとよいでしょう。

（横谷　和子）

2 順序や様子を考えながら読む

「さけが大きくなるまで」（教育出版・二年下）

時と場所の変化を読みとり、図に描きながら、さけの成長過程に驚きと興味をもって読む。

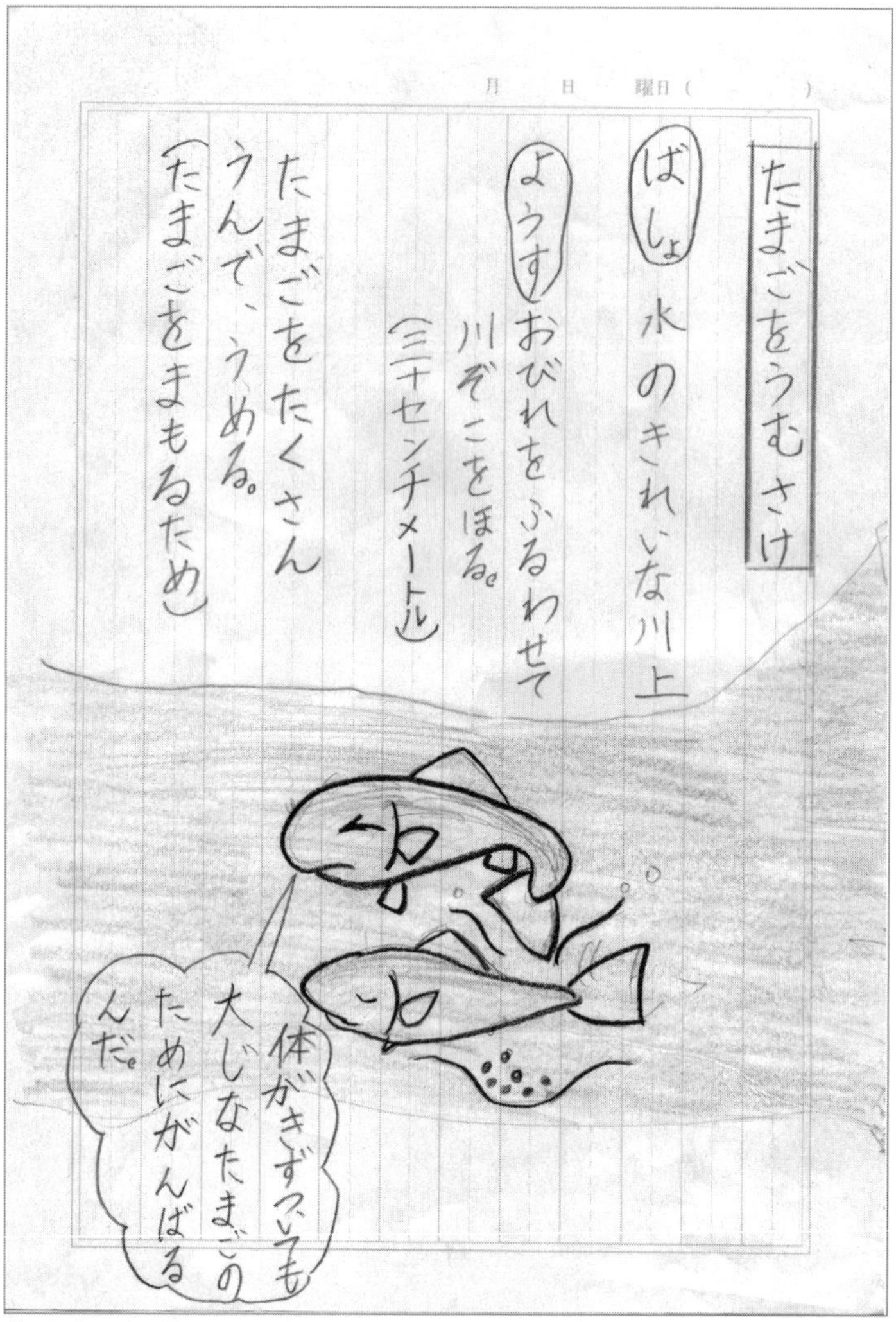
月　日　曜日（　　）
たまごをうむ　さけ
ばしょ　水のきれいな川上
ようす　おびれをふるわせて
川ぞこをほる。
（三十センチメートル）
たまごをたくさん
うんで、うめる。
（たまごをまもるため）
体がきずついても
大じなたまごの
ためにがんばる
んだ。
「時」「場所」「様子」を絵と文でまとめる。（第四時）

ねらいと学習の重点

さけが「どのように成長していくか」を時と場所の変化に合わせて読んでいきます。特に川上、川口、海と、場所を変えながら成長していくことをおさえることが大切です。

この教材では、「生き物の命の営みのすばらしさ」を子どもたちに読ませたいものです。そのために、「さけの思い」を想像してふきだしに書きます。そのことで成長することのすばらしさや生き抜くことの困難さを想像しながら学習を進めます。

また、場所的な広がりを地図で確かめたり、滝の高さを、実際の長さで表したりしての「実感を伴った読み」もしていきます。

これらを通して、「時」「場所」「大きさ」「成長の様子」などをまとめる活動も展開します。

■学習指導計画［10時間］

時	学習内容	学習活動
1	「さけが大きくなるまで」の全文を読もう	○さけについて知っていることを話し合い、全文を読み、初発の感想を書く。
2	問いの文を見つけよう	○段落について知り、段落に番号をふる。 ○第一段落から、問いの文を見つける。
3 4	川で卵を産むさけについて読みとろう	○産卵のためのさけの行動と産卵の様子を読みとる。
5	誕生した赤ちゃんの様子を読みとろう	○赤ちゃんが生まれた季節や姿を読みとる。
6	川を下り始めるさけの子どもたちの様子を読みとろう	○川を下る季節やさけの子どもの様子を読みとる。
7	川口でくらすさけの子どもたちの様子を読みとろう	○川口で大きくなる様子を読みとる。
8	海で成長するさけの様子を読みとろう	○海でのくらしや、さけの敵について読みとる。
9	大きく成長したさけの様子を読みとろう	○大きく成長し、産卵のために生まれた川へ戻るさけについて読みとる。
10	感想を書き、交流しよう	○「さけが大きくなるまで」を学習した感想を書き、発表する。

授業展開

第1時

「さけが大きくなるまで」の全文を読もう

> **主な言語活動**
> ・さけに対する関心をもち、全文を読んで感想を書く。

■学習への意欲を高める

イクラを子どもたちに見せ、「これは何でしょう」と問いかけます。

・イクラです。

「そうですね。実は、このイクラはある生き物の卵です。何の生き物でしょう」

・知っています。さけです。

さけについて知っていることを発表させます。

・食べたことがあります。

・図鑑で見たことがあります。

切り身でしかさけを見たことがない子どももいるので、さけの成魚の全身写真を見せます。

・イクラから、どんなふうにしてあんなに大きくなるのだろう。不思議だな。

といったつぶやきが出るでしょう。

「今日から、このさけについて書いてある説明文を勉強します」と言って、教科書を開かせ、題名を全員で読みます。

さけの成長過程が書かれた説明文であることをとらえます。

■全文を読み、初発の感想を書く

教師が読み、子どもたちはわからない言葉に線を引きながら聞きます。最後まで読んだら、わからない言葉の意味を確認します。

「『さけが大きくなるまで』を読んで、心に残ったことや不思議に思ったことをノートに書きましょう」

感想を自由にノートに書きます。

初発の感想例

> はじめて読んだ感想
> さけの赤ちゃんのおなかに、いくらみたいなえいようの入ったふくろがついていることをはじめて知りました。そのふくろがあれば、赤ちゃんはえさを食べなくても生きていけるから、さけはすごいなと思いました。
> さけのお父さんとお母さんは、たまごをうんだら、どうなるのかと思いました。

そのあと、グループの中で書いたことを発表し合います。何人かの子どもには、全体の前で発表させます。

第2時　問いの文を見つけよう【第一段落】

主な言語活動

・文末表現に注目し、問いの文を見つける。

■段落について知り、番号を書く

「行のはじめが一字下がっているところがあります。下がっているところから、次の下がっているところまでの話が、一つのまとまりになっています。この一まとまりを『段落』と言います。説明文では、この段落が大事です」

段落についての説明をし、全体で確認しながら各自教科書の段落に①〜⑩までの番号を書いていきます。

そのあと、一行あきの部分があることに着目させます。

「一行あいているところがありますね。これは、話が大きく変わるということです。あいているところで、違う話になります。これは、大きなまとまりなのです。」

と、七つある大きなまとまりにも気づかせます。

■学習範囲を音読し、さけについて書いてあることを読みとる

学習範囲の第一段落を各自声に出して読みます。そのあと、指名読みをします。これは毎時間共通して行います。

第一段落には、二つの文があることを確認し、一文ずつ何が書かれているか読んでいきます。一文目を全員で声に出して読んだあと、

「一つ目の文には、さけについてのどんなことが書かれていますか」と尋ねます。

・北の海に住んでいます。（場所）

・大きな魚です。

さけ ＝ 北の海にすむ

さけの特徴をノートに書きます。

黒板に世界地図を貼り、地図を見ながら、北の海のおよその位置を確認します。

・さけは冷たい水が好きなのだと思います。

・北海道にもいると図鑑で読みました。

二文目を声に出して読みます。

「『あの七十センチメートルほどもある魚』とは何のことですか」と聞いて、次にこのようにおさえます。

あの七十センチメートルほどもある魚
＝
さけ

「ほど」「ほども」を板書し、この二つを比べて、どんな感じがするかを話し合います。

・「ほども」のほうがすごく大きいという感じがします。

・さけは、こんなに大きいんだよと言っている感じがします。

「も」があることによって、「大きい」と強調していることに気づかせます。

■問いの文を見つける

さけについて書かれていることを読みとったあとに、問いの文を見つけます。

「この二つの文のどちらかは、読んでいる人に何かを聞いています。一番目と二番目の文のどちらが聞いている文でしょう」

と問いかけます。そして、文末に注目させ、二文目が問いの文であることに気づかせます。

「読んでいる人に聞いていることを、『問い』と言います」

と、問いについて説明します。そして、問いの内容をつかみます。

二文目を全員で声に出して読み、

「読んでいる人に何を聞いていますか」

と尋ねます。

・さけは、どこで生まれたのか。
・さけは、どのようにして大きくなるのか。

この説明文には、二つの課題があるということを話し合いのなかで確認し、ノートに書きます。

■問いについて考える

さけ
＝
北の海にすむ大きな魚
七十センチメートルほどもある
課題　どこで生まれ（場所）
どのようにして大きくなったのか

「『北の海にすむ』と書いてありますね。それなのに、『どこで生まれたのでしょうか』と聞いています。どうしてでしょうか。」

これは、子どもに気づいてほしい問いです。

・大きくなって住んでいるのは北の海ですが、生まれたのは別の場所だからです。

・住むところと生まれたところはちがうからです。

「そうですね。それを調べながら、これから読んでいきましょう」

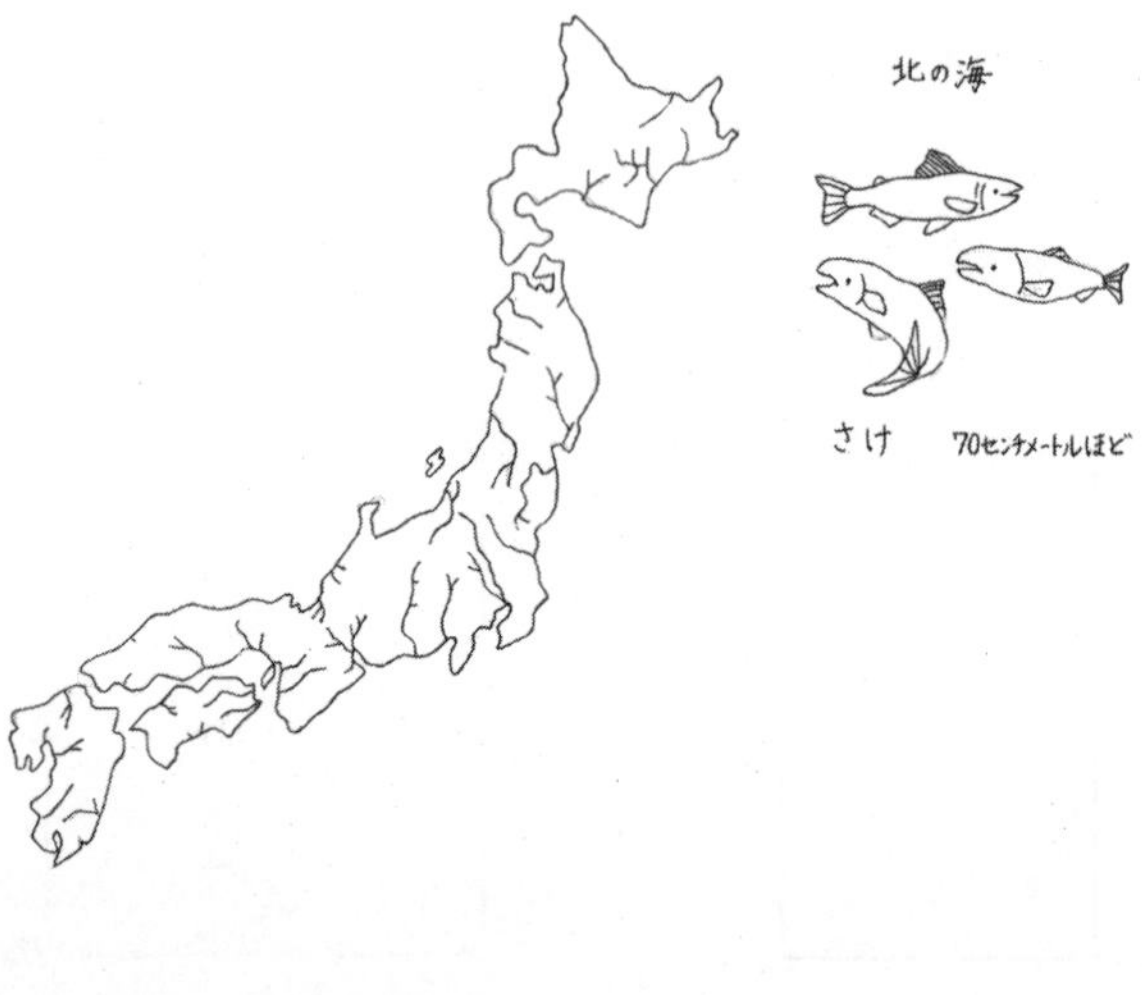

第3・4時　【第二・三段落】

川で卵を産むさけについて読みとろう

【第3時・第二段落】

■サイドラインを引いて読みとる

第一段落を音読したあとに、二つの問いは何であったか確認します。そのあと、第二段落を音読します。

「第二段落は、さけが何をしていることについて書いてありますか」

・さけが卵を産みに川に来ることです。

さけが産卵のために海から川にやって来ることが書かれていることを確認し、「たまごをうみに川をのぼるさけ」とノートに書きます。

「さけが大きくなるまで」の学習では、「時」「場所」「さけの大きさ」「様子」をとらえることを中心に学習を進めていきます。子どもたちには、この四点を自分の力で読みとらせるようにします。教科書の記述を囲んだり、サイドラインを引いたりします。

次のように色分けをすると、振り返ったときにもわかりやすくなります。

○時……………赤色で囲む
○場所…………青色で囲む
○大きさ………緑色で囲む
○さけの様子……サイドラインを引く

「さけが川にやってくるのは、いつでしょうか。赤で囲みましょう」

囲んだら、ノートに書きます。

「秋から」と『秋になるころから』とを比較して、夏の終わりごろからであることをとらえさせます。

「何のために川へやって来るのですか」

主な言語活動

・時や場所を表す言葉や写真に着目しながら、川を上ったり、川上で産卵するさけの様子を絵に描きながら読みとる。

・たまごをうみに来ます。

「どのくらいの数が来るのですか」

・『たくさん集まって』と書いてあるから、何匹も何匹もやって来るのだと思います。

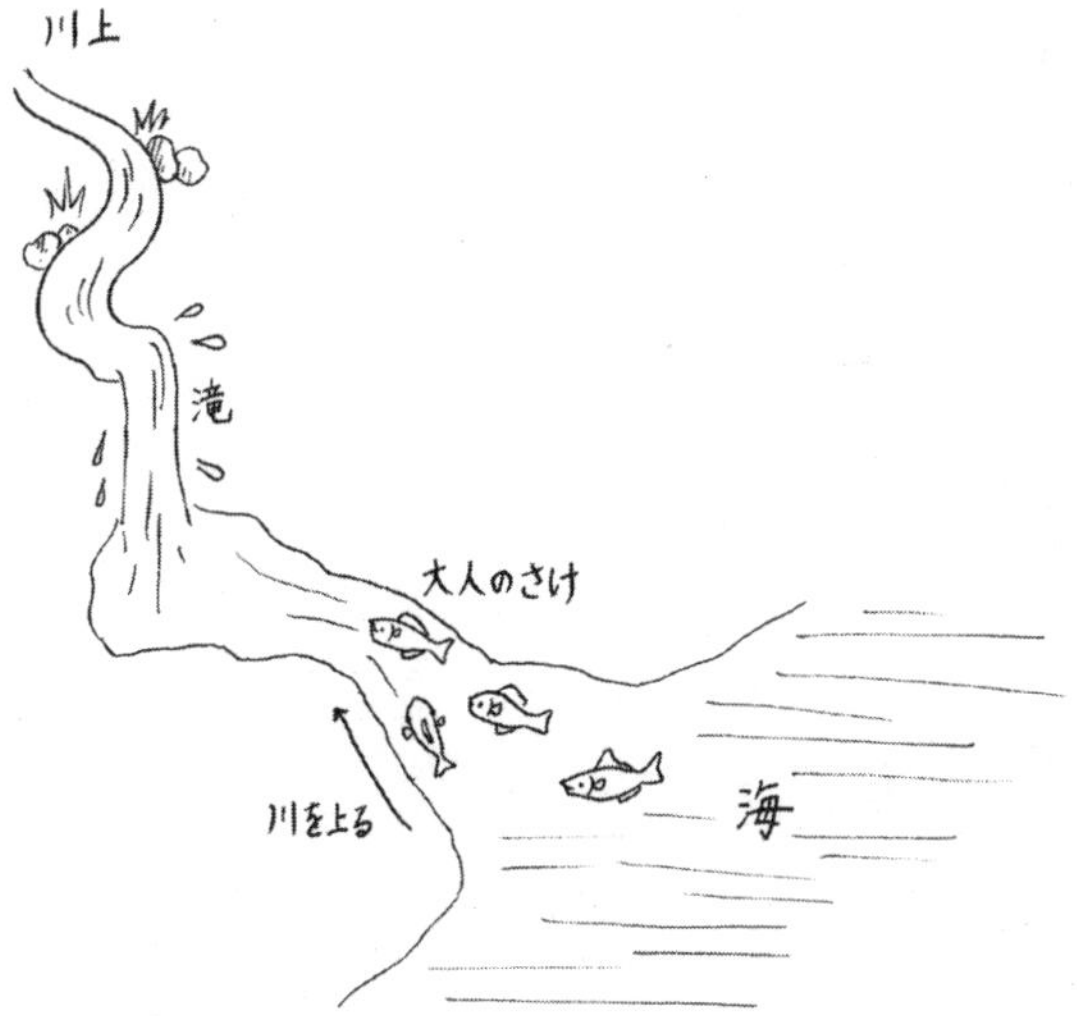

「さけは、川のどこへ行くのでしょう。青色で囲みましょう」

・『川上へ川上へとすすんでいきます。』

図を使って伝えます。

このようにして、川口に集まったさけたちが、卵を産むために川上へ行く様子を、絵に言葉を添えて理解させていきます。

■様子のわかる言葉を探し、川を上るたいへんさを読みとる

「さけの様子がわかる言葉を探して、線を引いて発表しましょう」

さけの行動を記述から見つけ出させ、発表させます。そのときに、さけの行動を読んで感じたことも言わせるようにします。

・『三メートルぐらいのたきでも乗り越えて』に線を引きました。泳ぎながら高い滝を乗り越えるなんて、さけはすごいと思いました。

・落ちてくる水に負けないで泳いで進むのだから、傷だらけになってしまうと思います。

『たきでも』と『たきを』を板書して比べさせます。

・『たきでも』のほうがすごさが伝わってきます。

実物大のさけのペープサートと三メートルの模造紙や板を子どもたちに提示して、滝を乗り越える動きをさせます。

教科書の写真などからも、川を上ることの苦難を想像させます。

■なぜ川上へ進むのか

「なぜこんなたいへんなことをするのですか」と聞きます。

・たまごを産むためです。

・きれいな水のところにたまごを産むためです。

さけにとって産卵は命がけであり、それだけ大切なものであることに気づかせます。

■ノートに絵を描き、言葉を書き込む

ノートいっぱいに、海と川の絵を描き、産卵のために川を上るさけの絵を描きます。

『三メートルぐらいのたきでものりこえて』などの記述を書き込んでいき、まとめます。

さけに対する自分の思いや、川を上るさけの気持ちのふきだしなども自由に書き込ませます。

【第4時・第三段落】

■問いの答えを確認する

第一・二段落を音読し、産卵のために川を上るさけのたいへんさを振り返ります。そして、第三段落を音読します。

第三段落には、卵を産む様子が書かれていることを確認します。そして、問いの内容を確認します。

「問いの答えはわかりそうですか」

・わかります。

・さけはどこで生まれるのかという問いの答えが書いてあります。

「さけは、どこで生まれるのですか」

・『水のきれいな川上』です。

問いの答えを確認し、その場所の『水のきれいな川上』をノートに書きます。

■産卵のたいへんさと卵を守るための方法を話し合う

「さけは、すぐに川上に着くのでしょうか」

・すぐじゃなくて、時間がかかります。

・『たどりつく』と書いてあるからです。

『たどりつく』に着目させ、「つく」と比べ、長旅の果てにやっとの思いで着いたことに気づかせます。

「卵を産むさけの様子に線を引いて、発表しましょう」

・『おびれをふるわせて、すなや小石の川ぞこをほります。』に線を引きました。

・手で掘るのは簡単だけれど、さけはおびれで掘らなくちゃいけないから、時間がかかったと思います。

・手と違ってたいへんだし、痛いと思いました。

「尾びれをどのようにして掘るのでしょうか」

『ふるわせて』の記述から、尾びれを強くふるわせ、その勢いで掘ることを読みとります。

・何度も何度もやるから、きっと尾びれが傷ついたと思います。

・『ふかさが三十センチメートル』のところに線を引きました。尾びれだけで三十センチメートルの穴を掘るのは、たいへんだと思いました。

「どうしてそんなに深く掘るのですか」

・大事な卵を守るためです。

・そのくらい深くしないと、卵が敵に食べられてしまいます。

「卵を守るために、さけがすることはほかにありますか」

・卵をたくさん産みます。

・卵が見えないように埋めてしまいます。

尾びれで川底を三十センチメートルも掘るたいへんさを実感するために、実際に道具を使わずに、砂場で三十センチメートルの穴を掘ってみるのもよいでしょう。

■ノートに絵と文でまとめる

川上でさけが川底を掘り、産卵をしている様子を描きます。そして、さけの行動を書き込んでまとめます。（88ページ参照）

第5時【第四段落】

誕生した赤ちゃんの様子を読みとろう

主な言語活動

・誕生したさけの赤ちゃんの大きさや姿を本文と写真から読みとる。
・大きさを確かめながら成長を話し合う。

■赤ちゃんの誕生する時期と場所、大きさを読みとる

第三段落までを音読し、卵を産む場所とたいへんさを振り返ります。そして、第四段落を音読します。

この段落には、生まれたさけの赤ちゃんについて書かれていることを確認します。

二つの問いを振り返り、「この段落には、どちらの問いの答えが書いてありますか」と尋ねます。

「この段落には、どちらの問いについて書いてありますか」

・さけは、どのようにして大きくなるのか、の答えが書いてあります。

時を表す言葉を赤で囲み、発表します。

・「冬の間」と書いてあります。寒いときに生まれます。

・秋に卵を産んだから、赤ちゃんが生まれるまでは、三か月くらいかかります。

ノートに時を書きます。

「場所はどこでしょう」と問いかけ、第三段落で書かれていた、『水のきれいな川上』であることをとらえさせ、ノートに書きます。

「さけの赤ちゃんの大きさが書いてあるところを緑色で囲みましょう」

・『三センチメートルぐらいです。』

定規で三センチメートルの長さを確認し、赤ちゃんの大きさを実感させます。

■さけの赤ちゃんの様子を絵に描いて読みとる

さけの赤ちゃんの様子のわかる言葉に線を引き、発表します。

・『おなかに、赤いぐみのみのような、えいようの入ったふくろがついています。』

・イクラみたいだと思いました。

ぐみの実を知らない子どもも多いので、写真を見せて説明します。

「この袋には、何が入っているのですか」

・栄養です。

「何のための栄養ですか」

・赤ちゃんが大きくなるためです。

・さけの赤ちゃんは、まだ自分でえさをとれないから、おなかの袋の栄養で大きく

なります。

教科書の写真を見ながら、ノートにさけの赤ちゃんの絵を描き、その様子を文で書きます。さけの絵は教科書に書いてある大きさで描きます。すると、成長の様子が視覚的にもよくわかります。

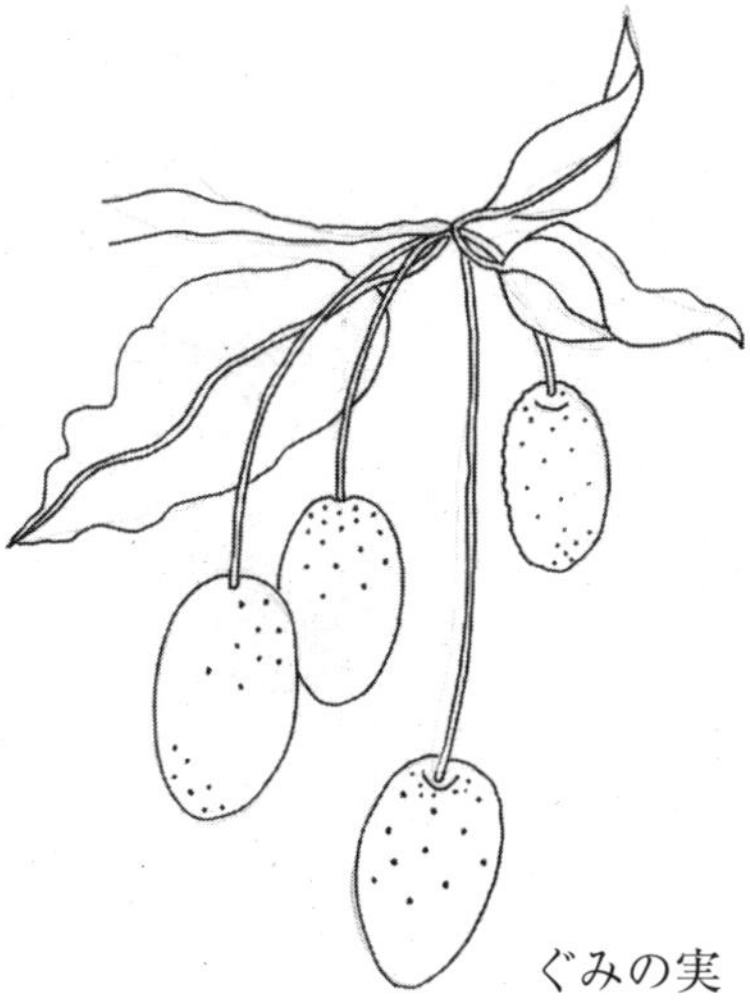

ぐみの実

■成長の様子を話し合う

「そのあと、赤ちゃんはどうなりますか。様子がわかる言葉に線を引きましょう」

発表をさせて、ノートにまとめます。

・袋がなくなります。

「袋はすぐなくなるのですか」

・すぐではありません

「どうしてそう思いますか」

・「やがて」と書いてあるから、すぐにはなくなりません。

「やがて」に着目させ、「そのうちに」という意味であることから、おなかの袋はすぐにはなくならないということを読みとらせます。稚魚が自分の力でえさを探せるようになるまでの時間に必要な栄養が袋には入っているのです。

・『四センチメートルぐらいの小魚になります。』と書いてあるから、おなかの袋の栄養だけで一センチメートルも大きくなるなんてすごいです。

「袋はなぜなくなってしまうのでしょう」

・赤ちゃんが栄養を全部使ったら、空になって、なくなってしまいます。

「袋がなくなったら、さけの赤ちゃんはどこから栄養をもらうのですか」

・自分でえさを探して食べるのだと思います。

・少し大きくなるから、自分でえさを探して食べられるようになります。

袋がなくなった小魚の絵をノートに描き、さけの稚魚になったつもりでふきだしを書きます。

大人のさけは、産卵が終わると死んでしまいます。わたしたち人間とはちがい、さけの赤ちゃんは生まれたときから、自分の力で生き抜いていかなければならないため、おなかの袋があることに気づかせます。

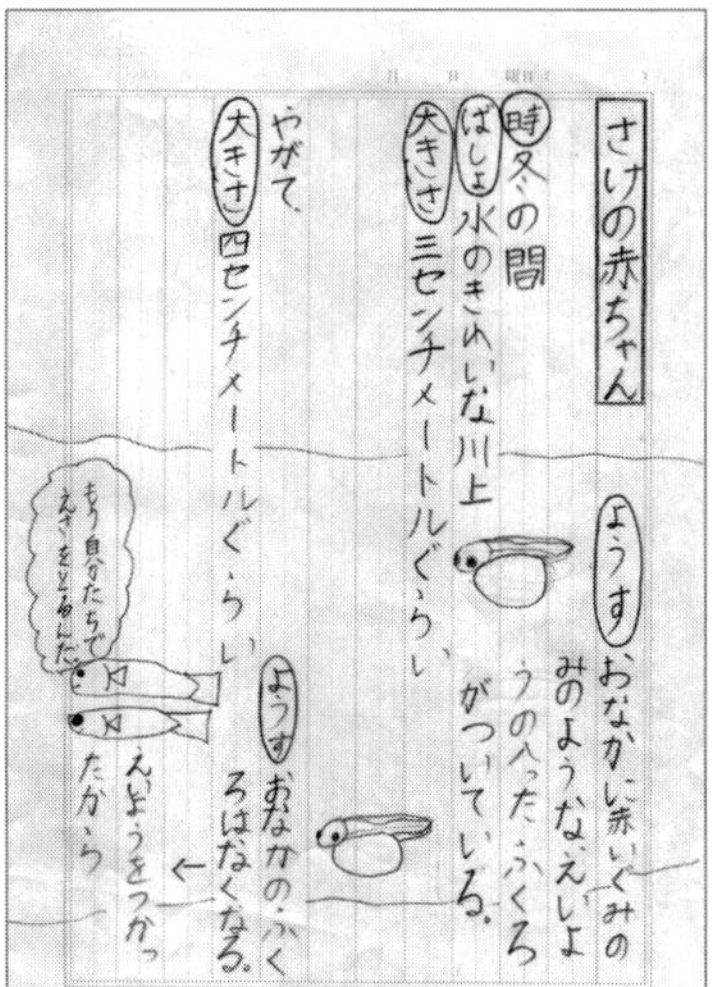

第6時　**【第五段落】**

川を下り始めるさけの子どもたちの様子を読みとろう

■時期と場所、さけの大きさを読みとる

第四段落までを音読し、さけの赤ちゃんの様子を振り返ったあと、第五段落を音読します。

第五段落に書かれていることは何かを問いかけ、「川を下るさけの子ども」について書かれていることを確認します。

時と場所、大きさを表す言葉を色分けしたあとに発表し、ノートにまとめます。

・『春になるころ』
・だから四月くらいだと思います。
・大きさは『五センチメートルぐらい。』
・『海にむかって川を下りはじめます。』

「川を下る」という表現について考えます。第二段落の「上る」と対比させます。

「なぜ、海に向かって川を下るのでしょうか」

・さけは海でくらしているからです。
・第一段落にも『北の海にすむ大きな魚』と書いてあります。

「海に向かって川を下るさけの子どもたちは、どんな様子ですか。線を引きましょう」

・『水にながされながら』

「どうして流されるのでしょう」

・まだ小さいから、泳ぐ力が弱くて川に流されてしまうからです。
・『いく日もいく日もかかって』と書いてあります。

『いく日もいく日も』というくり返しの表現から、そのたいへんさと時間がかかるということを感じとらせます。

主な言語活動

・川を下りはじめるさけの子どもの様子を絵に描いて読みとる。

■ノートに絵と文でまとめる

川を下り始める子どものさけの様子を絵に描き、気持ちをふきだしに書き、まとめます。

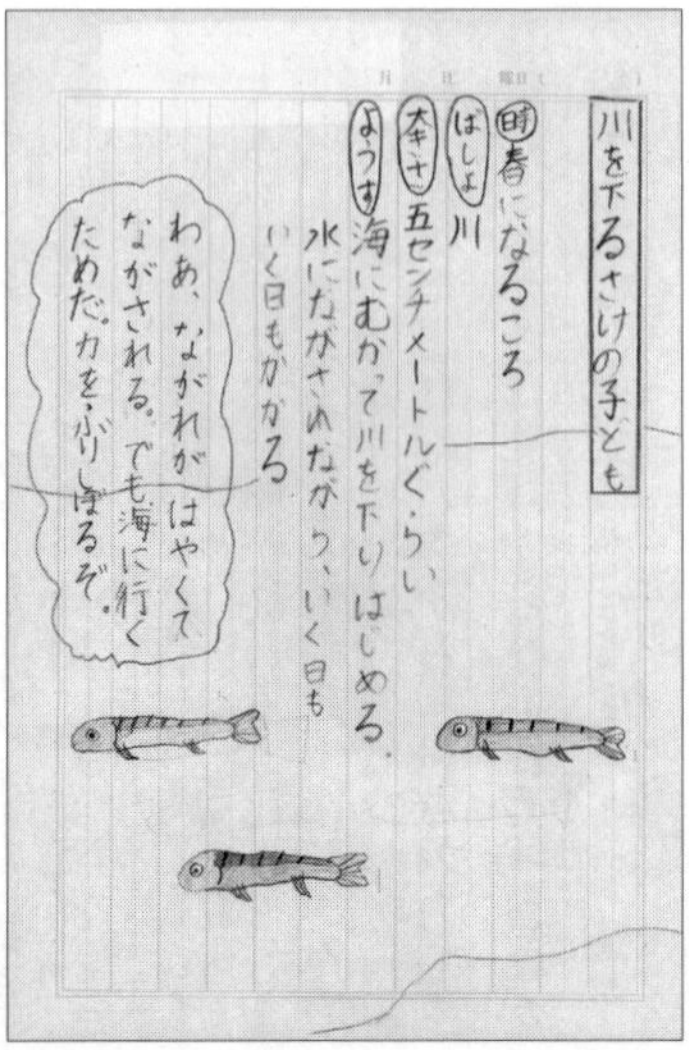

第7時 【第六段落】

川口でくらすさけの子どもたちの様子を読みとろう

主な言語活動

・広い海に出る前に、川口で海水に慣れ、海での厳しいくらしに備えて体を大きくするさけの子どもの様子を絵に描いて読みとる。

■時期と場所、さけの大きさを読みとる

第五段落までを音読し、苦労して川を下る様子を振り返ったあと、第六段落を音読します。

第六段落には川を下り、川口でくらすさけの子どもについて書かれていることを確認します。

時と場所、大きさを表す言葉を、色分けして発表し、ノートにまとめます。

・『一か月ぐらいの間』です。

・場所は、『川の水と海の水がまじった川口』です。

『川口』の場所を図で確認します。

・『大きさは八センチメートルぐらい』です。

「川口はどんな場所ですか」

・川の水と海の水が混じった場所です。

「そうですね。どうして、川と海の水が混じった場所にいて、すぐに海に出ないのでしょうか」

・次の第七段落に『海の水になれて』と書いてあります。今までは川の水でくらしていたけれど、今度は塩水でくらさなきゃいけないから、体を慣らすためだと思います。

・八センチメートルだと、だいぶ大きいから、海でも自分の力で生きていけるので、それまで待つのだと思います。

定規で八センチメートルを確認し、生まれたばかりのころと比べ、成長を実感させます。

海の水に慣れるということと、敵がたくさんいる海にいくことの二点に着目させて話し合わせます。

■ノートに絵と文でまとめる

川口で過ごすさけの様子を描き、さけの子どもの気持ちになってふきだしを書き、まとめます。

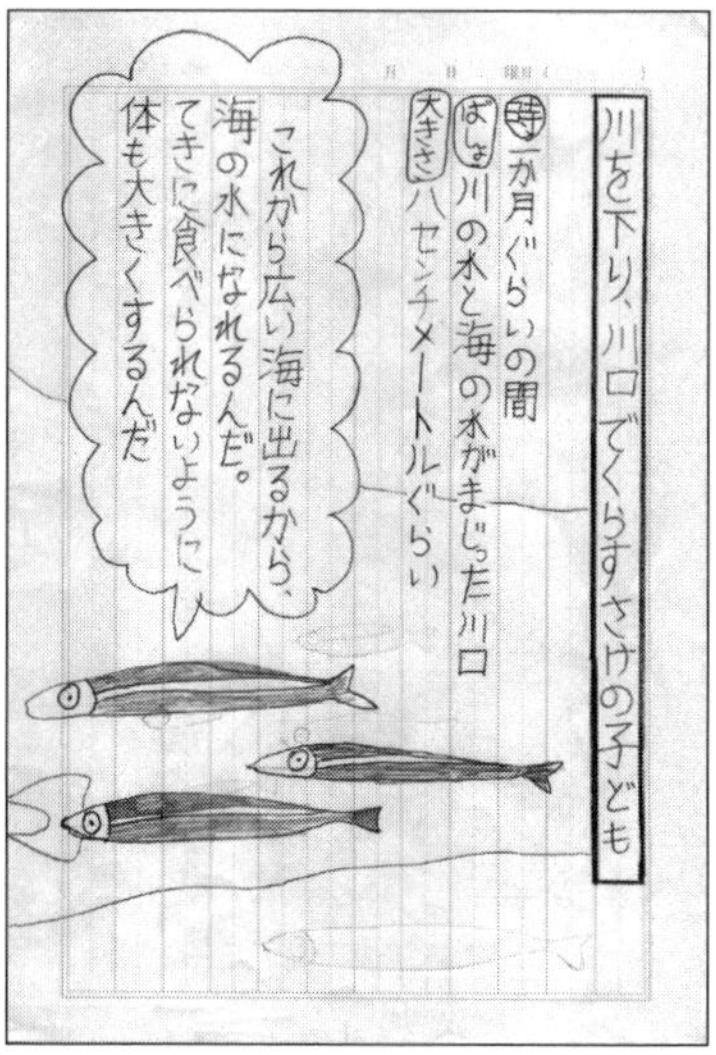
川を下り、川口でくらすさけの子ども
時 一か月ぐらいの間
ばしょ 川の水と海の水がまじった川口
大きさ 八センチメートルぐらい
これから広い海に出るから、海の水になれるんだ。てきに食べられないように体も大きくするんだ

第8時

海で成長するさけの様子を読みとろう

【第七・八段落】

■時期と場所、さけの大きさを読みとる

第六段落までを音読し、川口でくらす様子を振り返ります。

第七・八段落を音読し海でくらすさけについて書かれていることを確認します。

時と場所、大きさを表す言葉を、色分けをしてから発表し、ノートにまとめます。

・海の水に慣れて、体がしっかりしてきたころ。

・場所は海。

大きさの具体的な記述はありませんが、『ぐんぐん大きくなる』から、数十センチメートルになるであろうことを想像させます。

■海でのたいへんなくらしを話し合う

『いよいよ』から、これからさけにとっての本当のくらしが始まること、そのくらしがたいへんなものであることをとらえさせ、話し合いをします。

「第八段落を読んで思ったことを発表しましょう」

・海に出ると、えさもたくさんあるけれど、危険なこともたくさんあります。

・大きくなる途中で食べられてしまうさけもたくさんいるから、かわいそうに思いました。

・自然は、すごく厳しいです。

『食べられてしまいます』と「食べられます」を比べ、前者のほうが、残念ながらという感じがすることを感じとらせます。

■ノートに絵と文でまとめる

広い海でくらすさけの様子を描き、まとめます。さけへの自分の気持ちも書き込むようにします。

主な言語活動

・たくさんの食べ物を食べ大きくなる一方で、ほとんどのさけが食べられてしまうほどの厳しい世界であることを絵と文でまとめる。

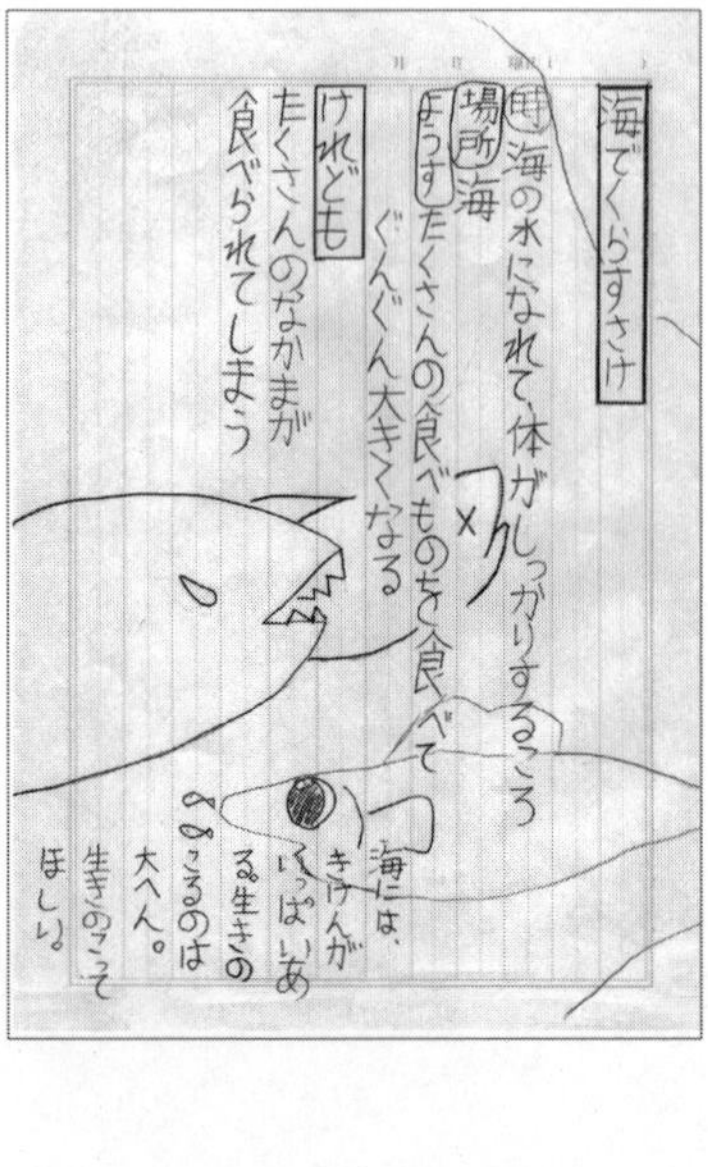

第9時 **【第九・十段落】**

大きく成長したさけの様子を読みとろう

■無事に生き残ったさけについて言いかえて理解する

第八段落までを音読し、海での大変な暮らしを振り返ったあと、第九・十段落を音読します。

「ここには文が二つありますが、どちらも何について書いてありますか」

・無事に生き残ったさけについてです。

このように、何についての話なのかをおさえます。

「どうして無事に生き残ったのですか」

と聞いて前段落の理解を確かめます。

・サメやアザラシに食べられなかったから。

・元気がよくてすばしっこいのは生き残った。

こういう反応もあるでしょう。適者生存という考えです。教師は海にいった稚魚のうち二ないし三パーセントしか生き残れないことを話します。「こうして無事に生き残った」という言葉を実感させます。

■根拠を挙げて話し合う

「生き残ったさけは、海で何をしますか」

・三年も四年も海を泳ぎまわります。

「どこの海ですか。さけの大きさはどのくらいですか」

・北の海です。

・七十センチメートルにもなります。

第一段落を根拠にして答えるでしょう。第3時に使った図を見せ、親と同じ一生をたどることに気づかせます。

主な言語活動

・三～四年も海を泳ぎ回り、産卵のころに生まれた川に戻るさけについて読みとり、絵と文にまとめる。

「どうして、さけは泳ぎ回るのですか」

・たくさんえさをとるためです。

・大きくなるためです。

写真からも、広大な海を伸び伸びと泳ぐ、大きく成長したさけの姿がわかります。

■川に帰るさけについて話し合う

「そのあと、さけはどうするのですか」

・自分の生まれた川に帰っていきます。

・卵を産むためです。

「実はここには『卵を産むために』とは書いてありません。どうしてわかるのですか。」

・「卵を産む時期が近づくと」書いてあるのでそう考えました。

・前に、秋になると川をさかのぼって卵を産むということが書いてあったからです。親と同じことをくり返すからです。

こうして、根拠を言わせたり、前の記述を使って説明させます。

■なぜ生まれた川がわかるのか

北の海や日本列島の川が数本書かれている大きな略図を貼り、紙で作ったさけを動かして、北の海にいるさけが、どの川に戻っていくのかを子どもたちに動作化させます。そうすることで、さけが生まれた川を見つける不思議さに気付かせます。

・どうしてわかるのかな、すごいな。

・遠いところから、どうやって生まれた川がわかるのかな。

これについて話し合い、教師が解説するのもよいでしょう。

■卵を産んださけはどうなるのか話し合う

「卵を産んださけは、どうなるのでしょうね」

産卵を終えた傷だらけのさけは、卵をうめた場所から決して離れず、死ぬまぎわまで卵を守り続けます。そして、稚魚が生まれる前に力を使い果たし、体中ぼろぼろになって息たえます。子どもたちには、さけたちは命をかけて次の命をつないでいること、それはさけだけでなく、他の命もきっとそうなのだという生き物への認識を育ませたいものです。

■ノートに絵と文でまとめる

産卵のために生まれた川に戻って来るさけの様子を想像して描き、まとめます。

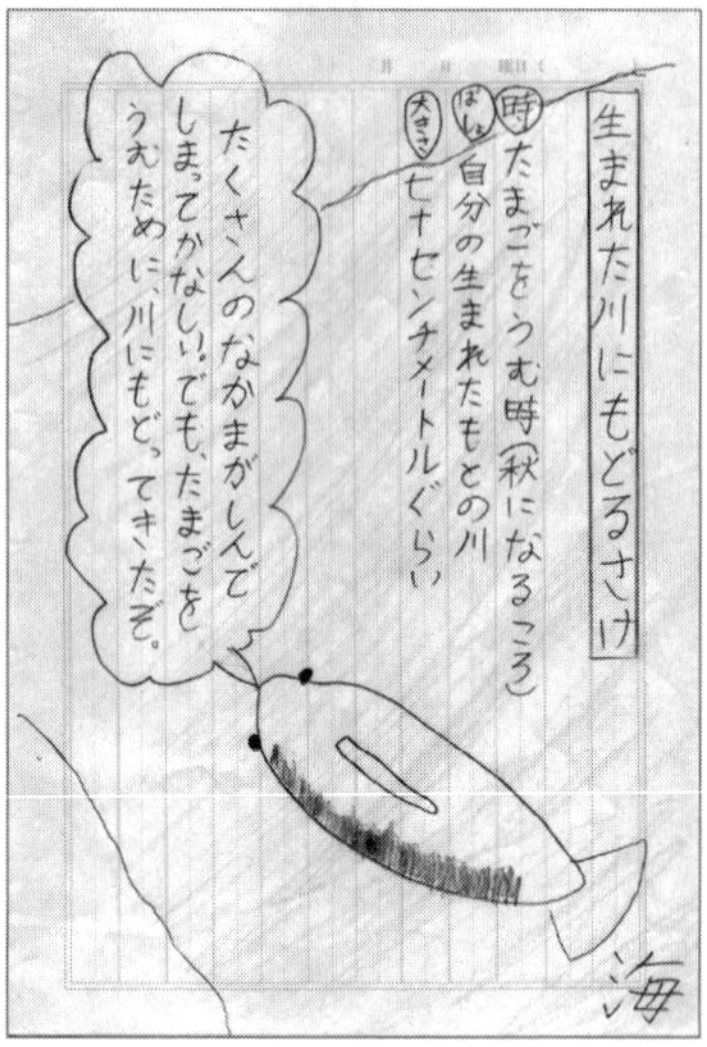

【第10時】

■感想を書き、交流する

「さけが大きくなるまで」を読んで、感じたことをノートに書き、発表します。

授業後の感想例

さけが大きくなるまでを読んで、わたしは、さけがこんなにたまごをうむのにくろうしていることをはじめて知りました。三メートルもあるたきをのりこえたり、おで川ぞこをほったり、体がきずだらけになって、大事なたまごをうむためにがんばっていました。たまごをうんだ後に、しんでしまうなんてかわいそうでした。でも、いのちをかけてうんだたまごからうまれたさけの赤ちゃんが、海で大きくなって、また、生まれた川にもどってくるから、しんでもいのちはつながっていると思いました。

学習の総まとめとして、学んだことを確認するために、最初から最後までを音読します。

（山本　瑠香）

コラム
column

しぼむとすぼむ……動作化が生きる

「たんぽぽのちえ」にはこういう表現があります。

> タンポポの花がしぼんで
> らっかさんの綿毛がすぼむと

よく似た言葉です。どうちがうのでしょうか。

私は教室に傘を持って行きました。そして開いた傘を閉じてみました。

「どうですか。これは、すぼんだ、それとも、しぼんだ?」

子どもたちは「すぼんだ」と答えました。

次のように板書しました。

・傘がすぼみました

そのあと、ポケットから風船を出して膨らませてから、空気を抜きました。

「どうですか。風船はしぼんだそれとも……
…」

子どもたちは「しぼんだ」と言いました。

・風船がしぼみました。

少し間をあけて並べて板書しました。

「どう違うのかな」

その話し合いをまとめるとこうなります。

> すぼむ

・小さくなる。
・狭くなる。細くなる。
・閉じる。

> しぼむ

・小さくなる。
・ちぢむ。
・ふにゃふにゃになる。
・しわしわになる。

かなり共通していました。しかし、形が不規則に小さくなるのがしぼむで、すぼむはある一定の形状は保ったまま小さくなるようです。

そのあとで、一人の子を呼んで前で口笛を吹いてもらいました。

「さあ、今のは口をどうしましたか」

・すぼめました。

この授業はさらに続きました。

「○○ぼむ」という言葉見つけです。すぐに「つぼむ」という言葉が出ました。花の様子で、開いていたのがつぼむ＝すぼむ。似ています。花の場合は使いますが、傘などでは「つぼめる」とはあまり言いませんね。さらにこう聞きました。

「顔にできる人がいるよね。ほっぺのところが、笑ったときなどにできるもの……」

・えくぼですか。

「あれは、ほっぺがどうなるの。」

・へこむ。

「そう、くぼむと言います。」

・くぼむはへこむこと。

・○○ボムという言葉は小さくなったり、へこんだりすることに関係がある言葉なのかなあ。

「○○ボム」という音声は、「小さくなることにかかわる言葉に使われている」と言い切ってしまってよいのか自信はありませんが、言語音の共通性が、意味の共通性を支えていることに気付かせる授業だったとはいえるでしょう。

（今）

3 どこに何が書いてあるか確かめながら読む

「ビーバーの大工事」

中川志郎 作
（東京書籍・二年下）

絵に描き、文と言葉と合わせて読みながら細部を確かめていく。

ビーバーのは
上あごのはを木のみきに当ててささえにし、下あごのするどいはでぐいぐいとかじっているのです。
上あごのは
動かさないでささえにする。
下あごのは
動かしてかじる。
するどくて大きい。
のみのよう。
上あごのは
下あごのは

ビーバーが木をかじる様子をまとめる。（第四時）

ねらいと学習の重点

ビーバーというかわいらしい生き物について書かれた教材なので、子どもたちは興味をもって取り組みます。

ねらいは二つあります。

「文の中のどの言葉から、わかるのか」「ある課題は、どこからどこまで書かれているのか」を確かめながら読むことです。

この二つを十分に確認することのできる活動は、絵に描くことだと考えます。文だけでは理解しにくい部分も、記述から順序や様子をおさえながら絵にすることで、確実に理解することができるでしょう。

ダム作りの木や石、泥の積み上げ方、巣の様子などを絵に描くことで、記述だけでは気づかなかったビーバーの工夫に気づくこともできます

教材文を参考にしながら「動物の秘密クイズ」をつくり、書く活動につなげます。

■学習指導計画【15～18時間】

時	学習内容	学習活動
1	「ビーバーの大工事」の全文を読み、感想を書こう	○ビーバーについて知っていることを話し合う。 ○全文を読み、初発の感想を書く。
2	話の順序を知ろう	○ビーバーがダムを作る様子の写真を順に並べる。 ○段落について知り、番号をふる。
4　3	ビーバーが木をかじって倒す様子を読みとろう	○ビーバーが木をかじる様子を読みとる。 ○ビーバーの歯のしくみと動きを読みとる。 ○木をかじる歯の構造を読みとり、絵と言葉で表す。
5	切り倒した木を運んで泳いでいくビーバーの様子を読みとろう	○ビーバーの行動を順に書き出す。 ○ビーバーの泳ぐための体の特徴を読みとり、絵と言葉で表す。
7　6	ビーバーがダムを作る様子を読みとろう	○ダムを作るビーバーの行動を順に書き出し、順序をとらえる。 ○ダムの様子を絵で表す。
8	ビーバーがダムを作るわけを読みとろう	○巣作りの様子やしくみを読みとる。 ○ビーバーがダムを作るわけを考える。
9	ビーバーの巣の様子を話し合おう	○絵を見ながら、巣について気づいたことを話し合う。 ○巣の絵を描き、ビーバーの家族の会話を想像する。
15～10	動物の秘密クイズを作ろう	○自分の好きな動物の秘密について調べ、クイズを作る。
選択	ビーバーのダムと巣を作ろう（3時間程度）	○教科書の記述を見ながら、身近なものでダムと巣を作る。

授業展開

第1時

「ビーバーの大工事」の全文を読み、感想を書こう

主な言語活動

・ビーバーについて知っていることを話し合い、大工事という題名の表現から、話の内容を想像する。
・全文を読み、内容の大体をとらえる。

■ビーバーについて話し合う

教科書の本文の扉のページの最初の写真を見ながら、「これは、何でしょう」と子どもたちに問いかけます。

・島だと思います。
・ビーバーの巣だと思います。

「ビーバーの大工事」という題名が横に書いてあるので、子どもたちはビーバーに関係したものだと予想します。

・山みたいだ。
・木の枝がいっぱい積んである。
・土でできているみたい。

写真を見ながら、気づいたことを話し合います。

「これから勉強していくビーバーについて、何か知っている人はいますか」

・動物園にいたのを見ました。
・ネズミやリスに似ています。

ビーバーは体長七十～八十センチメートルのネズミの仲間で、木の葉や皮をえさにしていることを伝えます。哺乳類なので、赤ちゃんを産み、育てることにもふれると、本文で家族みんなでダムを作る部分の理解が深まります。

■大工事について想像する

「題名は『ビーバーの大工事』ですね。ビーバーが工事をするとはどういうことでしょうか。」

・何かを作るんじゃないかな。
・ダムを作るって聞いたことがあります。
・巣を作るのだと思います。

「工事ではなくて『大工事』と書いてあるのはどうしてでしょう」

・ふつうの工事じゃなくて、すごくたいへんな工事だからだと思います。
・とても大きなものを作ると思います。

『大』がつくことから、大がかりなものであり、人手と日数のかかるものだということを想像させます。

「みんなたくさん想像することができましたね。では、どんなお話なのか読んでみましょう」

■全文を読み、大体をつかむ

教師が範読をしてから、話の内容を大きくおさえます。

> ビーバーがダムをつくる話
> ＝
> 大工事

そのあと、ノートに初めて知ったこと、疑問に思ったことなどを自由に書きます。

・どうして、そんなに大きなダムを作るのか。
・どうして、ビーバーは湖の真ん中に巣を作るのか。

この二つの疑問が出た場合には授業のなかで話し合って、答えを出します。本文を読み取っていく中で解くことのできるものは、授業の中で考えます。

・ビーバーは北アメリカにしか住んでいないのか。
・歯が折れたり、削れたりしたらどうするのか。
・前足はどうなっているのか。
・朝から夕方までは、何をしているのか。
・ビーバーの敵って何だろうか。
・家族は何匹いるのだろうか

これらのように教科書の内容からはわからない疑問は、「動物の秘密クイズ」のときに扱うようにします。

ビーバーの大工事を全て読みとったあとにほかの本を読んで、調べたことをもとに好きな動物の「動物の秘密クイズ」を作ることを伝えます。このことによって、意欲や見通しをもって学習に取り組むことができます。

ビーバーは小さいのに、一生けんめいにふとい木をかじっている。ビーバーがんばれ。

板書例

> ビーバーの大工事
>
> ビーバー
> ねずみのなかま。赤ちゃんをうんでそだてる。↑川にすむ。
>
> 大工事
> 何かを作る。ダムを作る。すごくたいへん。
>
> はじめて読んだかんそう
> ビーバーは、とてもよくはたらくと思いました。小さいのに、家ぞくで力を合わせて、大きなダムを作ると書いてあったのでびっくりしました。

第2時

話の順序を知ろう

■段落に番号をふる

「行のはじめが一字下がっているところがあります。下がっているところから、次の下がっているところまでの話が、一つのまとまりになっています。このひとまとまりを『段落』と言います」

全体で「ここは一段落、二段落……」というように確認しながら、教科書の段落の頭に①から⑳までの番号を書いていきます。

■教科書を見ないで写真を並べかえる

課題「ビーバーの大工事の順番」とノートに書きます。写真の正しい順番を聞くクイズを出すことを告げてから、全文を音読します。

段落ごとに音読をしたら、教科書を閉じ、教科書の写真を印刷し、まわりの文章を切り取ったプリントを配ります。それらを正しい順番に机に並べさせます。

並べ終わったら、教科書を開き、段落ごとに子どもたちに音読させ、全体で正しい順序になっているか確認をしていきます。

■言葉を添えて整理する

並べた写真は、ノートに正しい順序で貼っていきます。このときに、写真の近くにその写真の説明を書かせます。

「ダム作り」と「巣作り」を分けるように指示します。

主な言語活動

・教科書の写真を使って、ビーバーのダム作りと巣作りの様子を正しい順序に並びかえる。

板書例

ビーバーの大工事のじゅんばん

ダム作り
- 写真 ・はで木を切る
- 写真 ・川へ引きずっていく
- 写真 ・およいではこぶ
- 写真 ・木をくわえてもぐる
- 写真 ・枝をつみあげてどろでかためる

す作り
- 写真 ・ダムのまん中にすを作る

大工事は主にダム作りのことなのだと気づかせます。これが、最終段落を読むときの大きな手掛かりにもなります。

第3・4時【第一～七段落】

ビーバーが木をかじって倒す様子を読みとろう

【第3時・第一～四段落】

■ビーバーの生息地について話し合う

段落ごとに指名読みをします。音読が終わったら、読みとりに入ります。これは、どの段落も共通です。第一段落を読んだら、**「このお話の場所はどこですか」**とたずねます。

・『北アメリカ』です。

地球儀や地図で北アメリカの場所を確認し、ビーバーの生息している場所をとらえさせます。

・『大きな森の中の川のほとり』です。

北アメリカの深い森の写真を見せると、イメージがふくらみます。

『川のほとり』という言葉の意味がわからない子もいるので、写真や図で場所を確認し、ノートに記入します。

■木をかじる速さと力強さを読みとる

第二段落の音読をします。

「誰が何をしていますか」

・『ビーバーが、木のみきをかじっています。』

「幹」の意味を教科書の写真を確認します。

第三段落の音読をしたあとで聞きます。

「『ガリガリ、ガリガリ。』は何の音ですか」

・ビーバーが木の幹をかじる音です。

「この音から、どんな感じがしますか」

・木が堅い感じがします。

・勢いよくかじっている感じがします。

・ビーバーの歯は硬いんだなぁ。

「カリカリ」と比べると、木が堅い、勢いよくかじっていることを感じ取ることができます。一般的に擬声語では、濁ることによって、強さが表現されます。

「ビーバーが木をかじる様子がわかる言葉はどれですか。線を引き、ノートに書きましょう」

・『すごいはやさ』

・『たちまち』

・『とびちる』

『たちまち』には、「すぐに」という意味も含まれること、『とびちり』も写真を見て、意味を確認し、勢いのよさを表していることをおさえます。

主な言語活動

・擬声語に注目しながら、ビーバーの様子を読みとる。

・ビーバーの歯のしくみと使い方を絵や動作化を交えて理解する。

「どのぐらいの木を倒すのですか。線を引きましょう」

・『まわりが五十センチメートルいじょうもある木』です。

『いじょうも』について話し合います。「も」があることによって、「太い」のだと強調していることに気づかせます。木の模型をダンボールなどで作って見せると、思った以上の太さに子どもたちは驚きます。

「『ドシーン』というのは、何の音ですか」

・木が倒れる音です。

「どんな感じがしますか」

・すごい勢いで倒れた感じです。

「ほかにも大きな木が勢いよく倒れたことが伝わる言葉はありますか」

・『地ひびき』です。

道路工事や電車が通過するときに、地面が揺れた経験などを思い出させます。

■ビーバーの懸命さについて話し合う

「木を倒しているビーバーを見て、どう思いますか。ノートに書きましょう」

・一生懸命にやっている。

・大事なダムを作るためだから、必死で木を倒している。

第三段落の『ガリガリ、ガリガリ。』と第六段落の『ドシーン、ドシーン。』は音だけの記述で独立した段落になっています。

「どうして、音だけなのに段落にしたのでしょうか」

・目立たせたいからです。

「どうして目立たせたいのですか」

・ビーバーが木をかじっている音だから。

・ビーバーがすごくがんばって木をかじっているから、それを伝えたい。

・森に響いているからです。

なぜ、段落になっているかに着目させることで、ビーバーの一生懸命さやがんばりが、この音だけの一行に集中されていることがわかります。

板書例

ビーバーのすみか

・北アメリカの大きな森の中の川

木のみきをかじる

ガリガリ、ガリガリ。

⇦ 木がかたい。いきおいよくかじっている。

・すごいはやさ

・たちまち（すぐに）

・とびちり（いきおいよくちらばる）

まわりが五十センチメートル以上もある木もたおす。

ドシーン　地ひびき

⇦ 大きな木がすごいいきおいでたおれた。

・ビーバーは、一生けんめい木をたおしている。

・がんばっている。

なぜ

【第4時・第五～七段落】

■ビーバーの歯のしくみを読みとる

学習範囲を音読します。

「ビーバーは、どのようにして木をかじっているのですか。それがわかるところに線を引きましょう」

・『上あごの歯を木のみきに当ててささえにし、下あごのするどい歯で、ぐいぐいとかじっている』

複雑な表現なので、ノートに書き写します。

「どちらの歯を動かすのですか」

・下あごの歯です。

「下あごの歯について何と書いてありますか」

・『するどくて大きい』

・ぐいぐいかじる。

・大工さんのノミのよう。

「上あごの歯については、何と書いてありますか」

・ささえにする。

ここで、「ささえ」の意味を説明します。

実際にビーバーと同じように木に見たてて何かを両手でつかみ、上あごは動かさずに、下あごを動かしてみると歯の動きを実感することができます。

そのあと、ノートに「かじる」様子について絵と文でまとめます。

■みんなで木を倒していることを読みとる

「『ドシーン、ドシーン。』は何の音ですか」

・ポプラややなぎの木が倒される音です。

「二回繰り返しているのは、なぜでしょう」

・あちらでもこちらでも何本も倒されているからです。

・『つぎつぎに』だから、どんどん木が倒されたからです。

「どうして何本も倒す必要があるのですか」

・一本では足りないからです。

・ダムを作るのには、たくさんの木を使うから、何本も倒さないといけないと思います。

ダムを作るためには、たくさんの木が必要だということと結び付けます。

板書例

はのしくみ

上あごのはを木のみきに当ててささえにし、下あごのするどい歯で、ぐいぐいとかじっているのです。

上あごの歯

動かさない。
ささえになっている。

下あごの歯

動かしてかじる。
するどくて大きい。
大工さんののみのよう。

ドシーン、ドシーン。

くりかえされている
・たくさんの木がたおされている。
←
・ダムを作るのに木を何本も使うから。

第5時

【第八・九段落】

切り倒した木を運んで泳いでいくビーバーの様子を読みとろう

■ビーバーのしていることをまとめて順序をとらえる

第七段落までを音読し、ビーバーの歯の特徴を振り返ります。そして、学習範囲を音読します。

ビーバーの行動を順を追って、ノートに書きます。

「木を切り倒した次は、何をしますか」

・木を短くかみ切ります。

「どうして、短くするのでしょうか」

・短いほうが運びやすいからです。

・木をくわえて運ぶから、長いと運べないからです。

「短くかみ切ったあとはどうしますか」

・川のほうに引きずっていきます。

・木をくわえて泳いでいきます。

写真と対応させながら進めていきます。

「このビーバーの行動をまとめると、何をしていると言えますか」

・木を運んでいます。

「木を運ぶ」とまとめます。

■ビーバーが泳ぐための体の特徴について話し合う

「第九段落には、ビーバーの体の何について書かれていますか」

・後ろ足と尾です。

ノートに、後ろ足と尾の特徴と、どんなはたらきをしているかをまとめます。また、記述と写真で確かめながら絵を描いていきます。

主な言語活動

・ビーバーの行動を書き出し、順序をとらえる。

・ビーバーの足や尾の特徴を記述と写真を対応させながら話し合う。

「どんな後ろ足ですか」

・ゆびとゆびの間にじょうぶな水かきがある後ろ足です。

「この後ろ足があると、どんなことができますか」

・ぐいぐいと進めます。

・速く泳げます。

アヒルやカモなどほかの生き物で水かきのついた足をもっているものを想起させます。

「どんな尾ですか」

・オールのような形をしています。

・この形だから上手にかじがとれます。

・泳ぐときにうまく曲がれます。

ゆびの間の水かき
→ぐいぐい体をすすめる。
力強く泳げる。
お……オールのような形
→上手にかじをとる。

■木をくわえて運べるわけを話し合う

「ビーバーは、なぜこのような後ろ足と尾をもっているのでしょう」

・上手に泳ぐためです。

「このような特徴があるので、ビーバーは何ができるのですか。前の段落に書いてある中から見つけて書きましょう」

・木をしっかりくわえたまま上手に泳いでいきます。

「そうですね。木を上手に運ぶことができるわけがこの九段落でわかるのですね」

こうして第九段落の役割をおさえます。

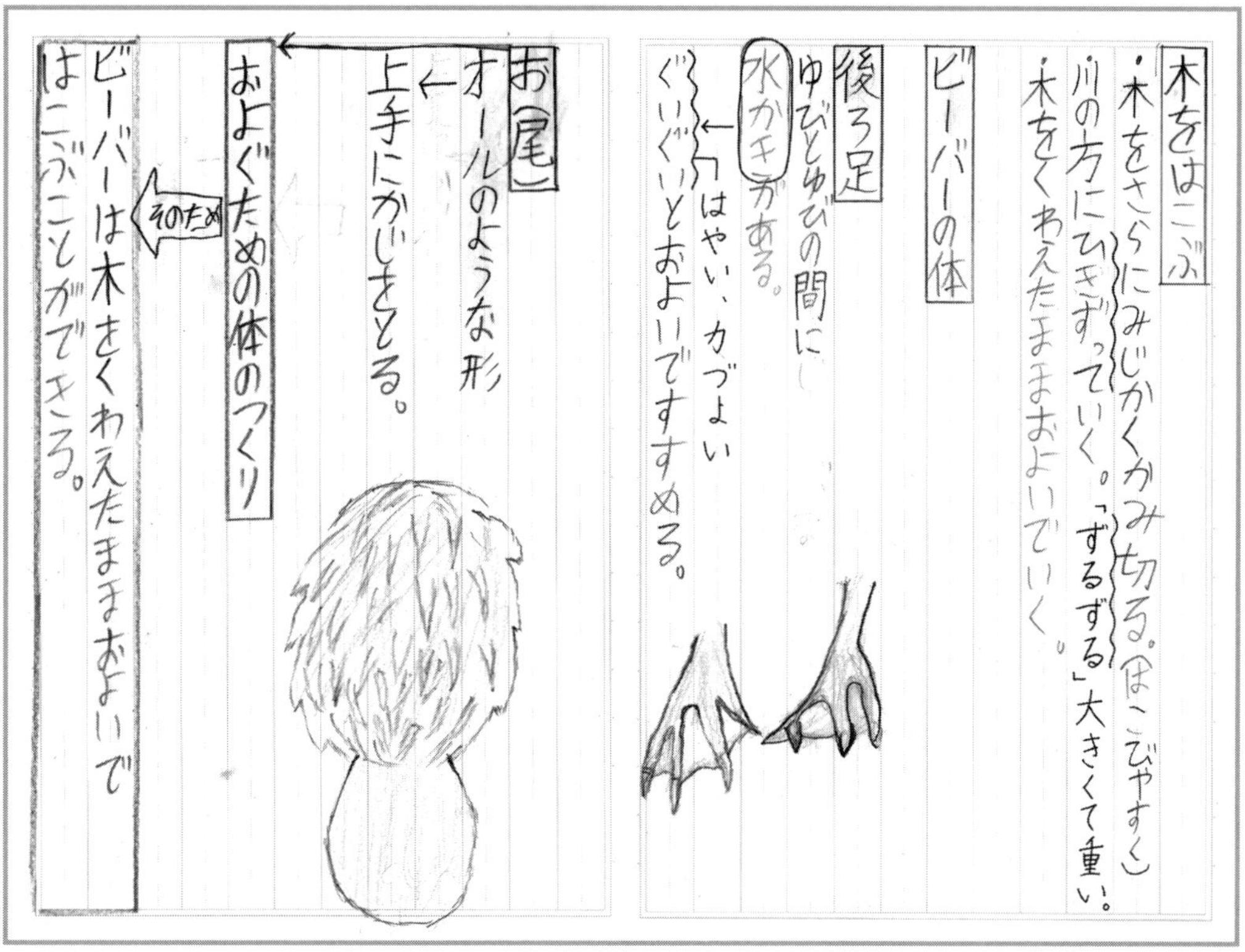
木をはこぶ
・木をさらにみじかくかみ切る。(はこびやすく)
川の方にひきずっていく。「ずるずる」大きくて重い。
木をくわえたまままおよいでいく。
ビーバーの体
後ろ足
ゆびとゆびの間に
水かきがある。
←「はやい、力づよい
ぐいぐいとおよいですすめる。
お(尾)
オールのような形
←
上手にかじをとる。
およぐための体のつくり
そのため
ビーバーは木をくわえたまままおよいで
はこぶことができる。

第6・7時 【第十～十五段落】

ビーバーがダムを作る様子を読みとろう

主な言語活動

・絵を並べて、言葉でダム作りの順序を整理する。
・完成したダムの様子を絵に描く。

【第6時・第十～十三段落】

■短冊に書いたダム作りの順序を並べる

学習範囲の音読をします。

「ビーバーは、木をくわえて泳いでいきましたね。ビーバーは、この木で何をするのでしょう」

・ダムを作ります。

ビーバーのダム作りの行動を一つずつ短冊に書いたものを、順序をばらばらにして黒板に貼ります。

「ビーバーはどんな順番でダムを作るのでしょう。順番に並べましょう」

子どもたちを数人指名して正しい順序に並べかえさせます。

板書例（並べかえたところ）

木をくわえて、水にもぐる。
木のとがった方を川のそこにさしこむ。
木の上に小えだをつみ上げる。
石でおもしをする。
どろでしっかりかためる。

並べ終わったら、十段落を一文ずつみんなで声に出して読み、順序を確認します。

次にノートに「ダム作りの順番」と書き、板書を見ながら、ビーバーの行動を文で書きます。

ダム作りの順番を整理したあとに、ノートにその行動を絵で表します。記述に沿ってとがったほうを底に差し込んだ木、その上に小石を描きます。絵に描くことで、文章に書いてあることが具体的にイメージできるようになります。

『どろでしっかりかためていきます。』の部分は、砂場などで泥遊びをした経験を思い出させると、イメージしやすいでしょう。

■ビーバーの賢さについて話し合う

「第十段落を読んで、ビーバーがダムを作るのに工夫していることを見つけましょう」

・差しやすいように、木のとがったほうを差し込んでいます。
・石で重しをするなんで、頭がいい。
・泥でもちゃんと固めています。

「どうして、差し込んだり、重しをしたり、泥でしっかり固めたりするのですか」

・水で流されてしまわないようにです。

・せっかく作ったダムが壊れないように丈夫に作っているのだと思います。

ビーバーの工夫を感じとらせます。

■家族で行うダム作りを読みとる

十一段目を全員で音読します。

「ダム作りは、一匹でするのですか」

・家族で協力してダムを作っています。

「家族でどんなふうに作っているのでしょうか」

・『つぎつぎに』と書いてあるから、一匹目が終わったら、二匹目が来て、どんどん作っていくのかなと思います。

十一段目を音読したあと

「ビーバーは、どのくらいの間、水の中にいますか」と聞きます。

・『ふつうで五分間』

・『長いときは十五分間も』

息が長いことも、後ろ足や尾と同じようにビーバーが水中で生活するためであることをとらえさせます。

十三段目を音読します。

「ダムは、いつ作るのですか」

・夕方から夜中までです。

ビーバーは夜行性のため、この時間に活動することを伝えます。

『家族総出』の意味を伝えます。

「なぜ、家族総出でダム作りをするのですか」

・全員でやらないとできあがらないからです

・すごくたいへんだから、みんなで力を合わせて作ります。

ダム作りのたいへんさを読みとらせます。

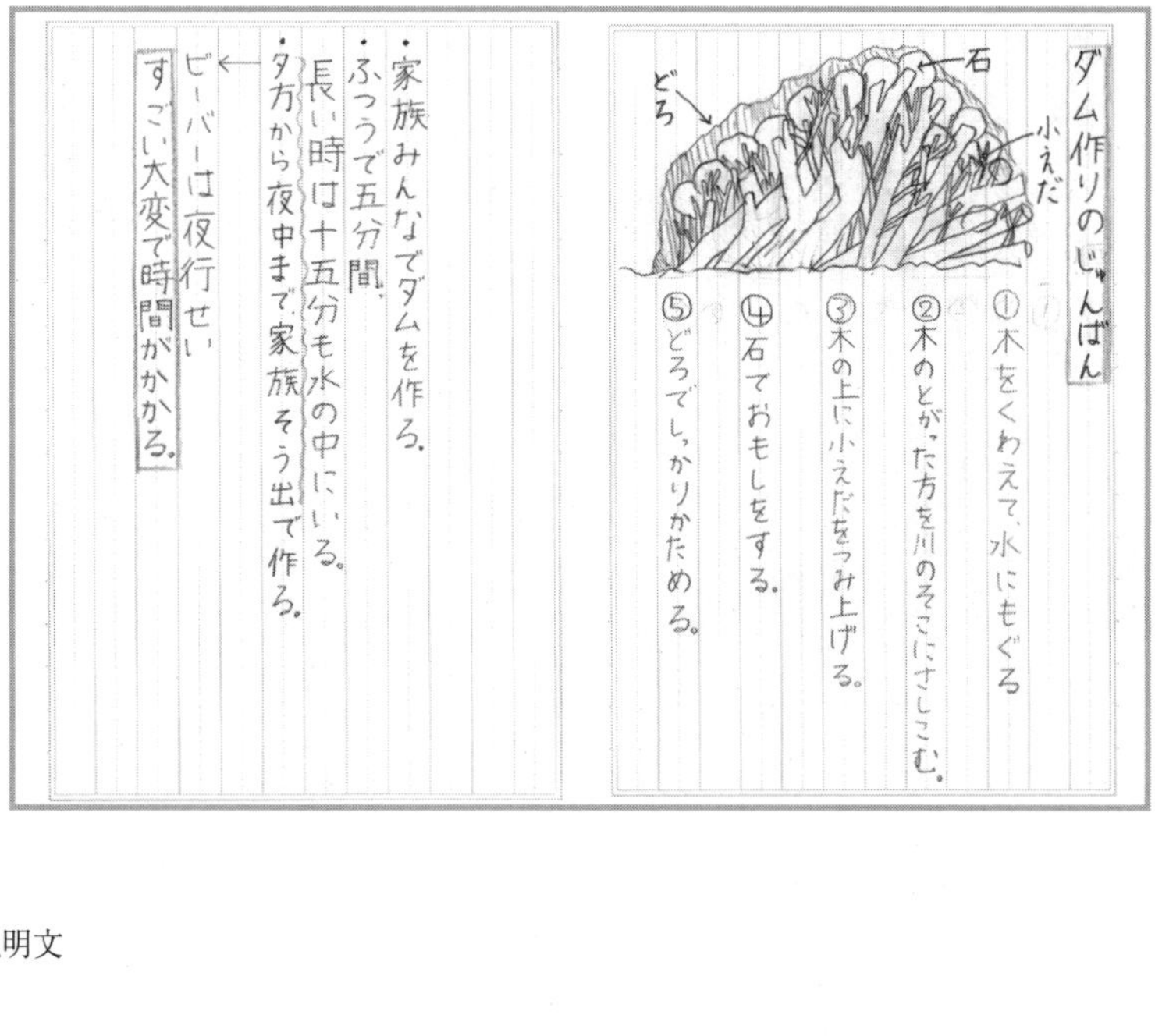

ダム作りのじゅんばん
石
どろ
小えだ
①木をくわえて、水にもぐる
②木のとがった方を川のそこにさしこむ。
③木の上に小えだをつみ上げる。
④石でおもしをする。
⑤どろでしっかりかためる。
・家族みんなでダムを作る。
・ふつうで五分間。
長い時は十五分も水の中にいる。
・夕方から夜中まで家族そう出で作る。
ビーバーは夜行せい
すごい大変で時間がかかる。

【第7時・第十四～十五段落】

■ダムの絵を描く

第十三段落までを音読し、ダム作りの様子を振り返ります。そして、学習範囲を音読します。

『一方』『川岸』『せき止める』などの意味を図や写真を使って確認し、ダムは川の片方の端から作られることをとらえさせます。

ノートに「できあがったダム」と書き、十四段落の記述を全体で読み、確認しながら、ノートの見開きを使って、川とそれをせき止めるダムの絵をかきます。

はじめに川と岸の木を描きます。その次に教科書の記述と同じように、川岸からダムを描いていきます。このあとに、巣やビーバーも描き足していくので、できるだけ大きく描かせます。

このとき教師も黒板に同じように描くと、どの子もそれを見ながら自分のノートに描くことができます。

■実際の大きさを実感する

第十五段落のダムの大きさが書かれているところでは、子どもたちにその大きさを体感させます。校庭や体育館などで巻尺を使って高さと長さを表したり、ダムと同じくらいの大きさの建築物などと比べたりして、イメージを具体的に持たせます。

また、絵のなかに

高さ＝二メートル
長さ＝四百五十メートル

などと記入していきます。

ノート例

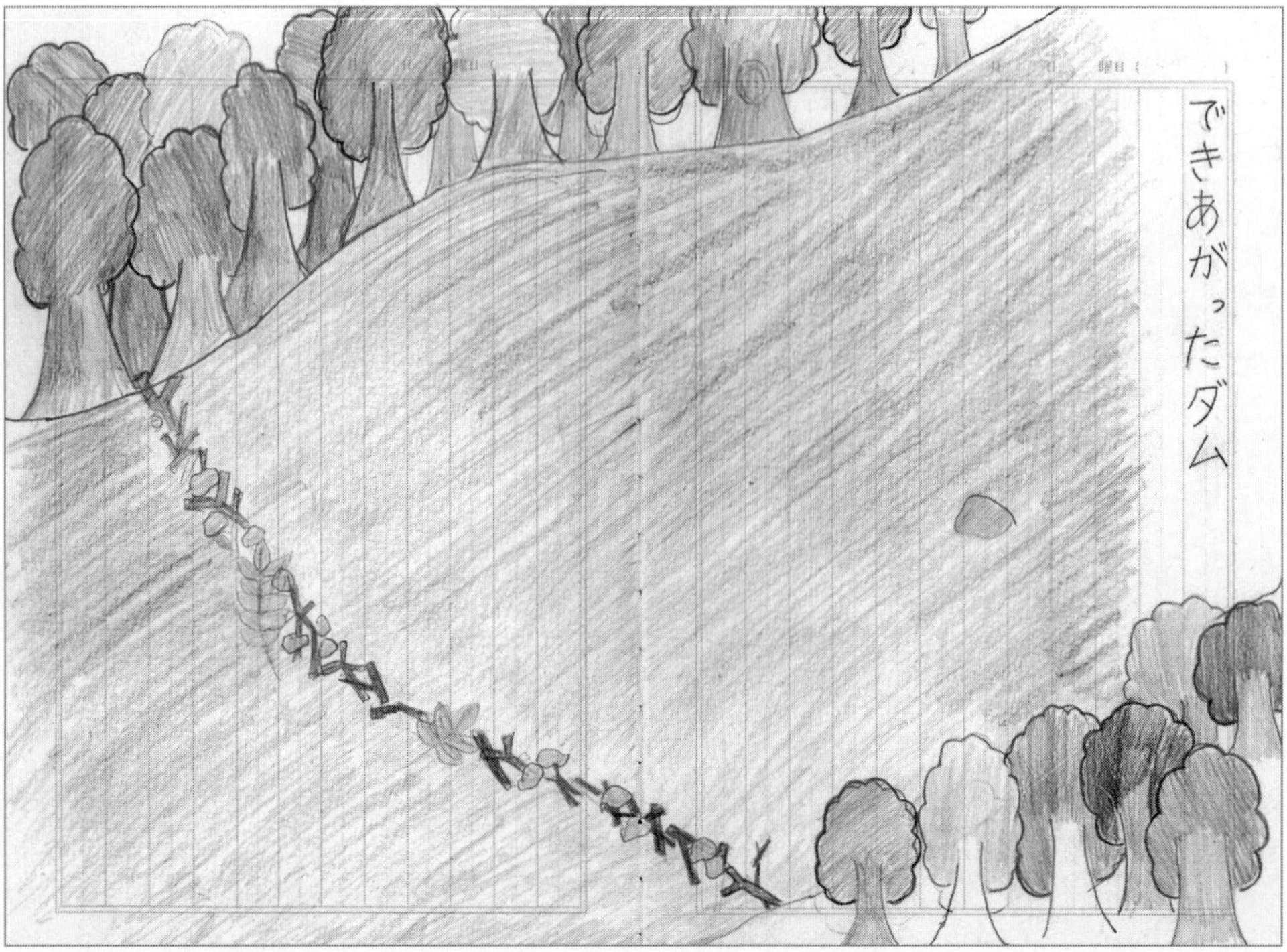

第8時 【第十六～二十段落】

ビーバーがダムを作るわけを読みとろう

主な言語活動

・ダム・湖・巣を絵で表し、ダムを作るわけを考える。

■ビーバーの巣について読みとる

学習範囲を音読します。

「ダムができると、どうなりますか」

・水がせき止められて、内側に湖ができます。

「それで、ビーバーは何をしますか」

・巣を作ります。

「ビーバーの巣は、どんな巣ですか。わかるところに線を引いて発表しましょう」

教師が板書で「場所」「材料」「つくり・しくみ」の三点に分け、整理して話し合わせます。

・湖の真ん中に作ります。…［場所］

「どうして真ん中なのでしょう」

・端だと、敵が跳び移ってきてしまうからです。

・真ん中だと、岸から遠いから安全です。

・ダムと同じように木と石と泥を積み上げて作ります。…［材料］

・まるで、水の上に浮かんだ島のようです。

・巣の入り口は、水の中にあります。…［つくり・しくみ］

「なぜ、巣の入り口を水の中に作るのですか」

・敵が入れないようにするためです。

ビーバーの巣が安全なつくりになっていることを、話し合いなかで理解させます。

■ビーバーがダムを作る理由を考える

「わざわざダムを作ってから巣を作るのは、なぜでしょう」

・湖を作るためです。

「湖ができると、どんないいことがあるのですか」

・川の水の流れが、弱くなります。

ダムを作ることで、川の水がせき止められる。つまり、流れが弱くなるということをとらえさせます。

「なぜ、ビーバーは流れを弱くしたのでしょう。」

・巣が流されないようにするためです。

・木や石、どろでできているから、流れが強いと壊れてしまうからです。

川の流れのなかに、そのまま巣を作ったのでは、巣は壊れてしまうことを想像させ、ダムを作る理由を導き出します。

第9時

ビーバーの巣の様子を話し合おう

■挿絵から巣の様子を話し合う

「巣の絵を見て、気づいたことや思ったことを発表しましょう」

・赤ちゃんが三匹います。
・お母さんのおっぱいを飲んでいます。
・巣の中には柔らかい草がしいてあります。
・ふかふかで気持ちがよさそうです。
・水のずっと下のほうに入口が二つもあります。だからほかの動物は入れません。
・巣の中に水は入っていません。

挿絵を見ることで、巣が生活の場であることと、子育てにとって大事な場であることなどをおさえることができます。そのためにビーバーは大工事をして巣を作ったのです。

■巣を描き、家族の会話を想像する

挿絵を見ながら巣と、そこに暮らす家族を、前時に書いたダムの絵に描き足します。そして、ビーバーの家族が巣やダムについて、どんな話をしているか想像して、ふきだしをノートに書きます。

・ぼくたちの巣は、入り口が水の中にあるから、安全なんだよ。
・みんなでダムを作ったから、水の流れが弱いんだ。だから巣は流されないよ。

ふきだしを書いたら、グループのなかで自分の描いた絵を見せながらふきだしを読んで、互いに交流します。このことで、これまでの読みを総合します。

主な言語活動

・挿絵を見ながら、巣の様子で気づいたことを話し合い、ビーバーの家族の会話をふきだしに書く。
・ビーバーの会話を話し合う。

ノート例

第10～15時

動物の秘密クイズを作ろう

主な言語活動

・自分の好きな動物を選び、その動物の生態や体のつくりを本で調べ、調べたことをもとにクイズを作る。

【第10時】■どんなことがクイズになるのか考えよう

クイズを作りましょうと言っても、すぐにつくれる子は少数です。そこで、クイズについてみんなで話し合いをする時間をとります。

・変わっていること
・初めて知ったこと
・友だちに教えたいこと
・不思議なこと
・ビーバーの大工事で疑問に思ったこと

などをクイズにするとよいことを伝えます。

そして、出てきたことをさらに具体的にしていきます。

「どんなことをクイズにするとおもしろいですか」

と、さらに観点を具体的にします。

・食べ物のこと
・大きさ
・住んでいる場所
・足の速さ
・体……目・口・鼻・手・尾・足・首・耳

この活動でどの子もクイズを作る視点を持つことができます。

【第11時】■クイズになることを調べて見つけよう

家から動物の本を持ってきたり、学校図書館で調べたりします。複数の本を見て、クイズになりそうなことを見つけさせます。

【第12・13・14時】■問題文の書き方を知り、クイズを作ろう

問題文を例示して、書き方を学んでから、クイズをつくります。画用紙に枠を印刷して、表に問題、裏に答えを書きます。

問題文には二つのパターンがあります。

一つ目は、基礎的な文です。

ビーバー

ビーバーについてのクイズを出します。

ビーバーは、体のどこかにえいようをためています。その体のぶぶんは、どこでしょう。

はじめの段落には、何の動物についてのクイズなのかを書きます。次の段落に、クイズを書きます。この書き方は、どの子どもでもお手本を見ながら自分の力で書くことができます。

二つ目は、少し難しい問題文です。

ビーバー

ビーバーは、冬の間は、すの中でじっとしてすごします。その間は、ためておいたえさを食べています。

ここで問だいです。ビーバーは、ためておいたえさのほかに、体のどこかにえいようをためています。その体のぶぶんは、どこでしょう。

はじめの段落には、クイズにかかわるその動物の行動などを書きます。次の段落に、クイズを書きます。

子どもたちの実態に合わせて、どちらかの問題文の例を選びます。

答え…お

ビーバーは、おにしぼうをためています。そのえいようを、使って冬をすごしています。らくだのこぶに似ています。

『こんにちはビーバー』の本にくわしく書いてあります。

裏には、答えとその補足説明を書きます。どの本を見ると答えがわかるかも書きます。

■【第15時】みんなのクイズを読み合おう

全員の書いたクイズを教師が一旦回収し、クラスの人数分印刷をします。そして表紙をつけて一冊の本にします。その本を使って、友だちとクイズを出し合ったり、最後まで読んで感想やおもしろかったクイズについて発表したりします。

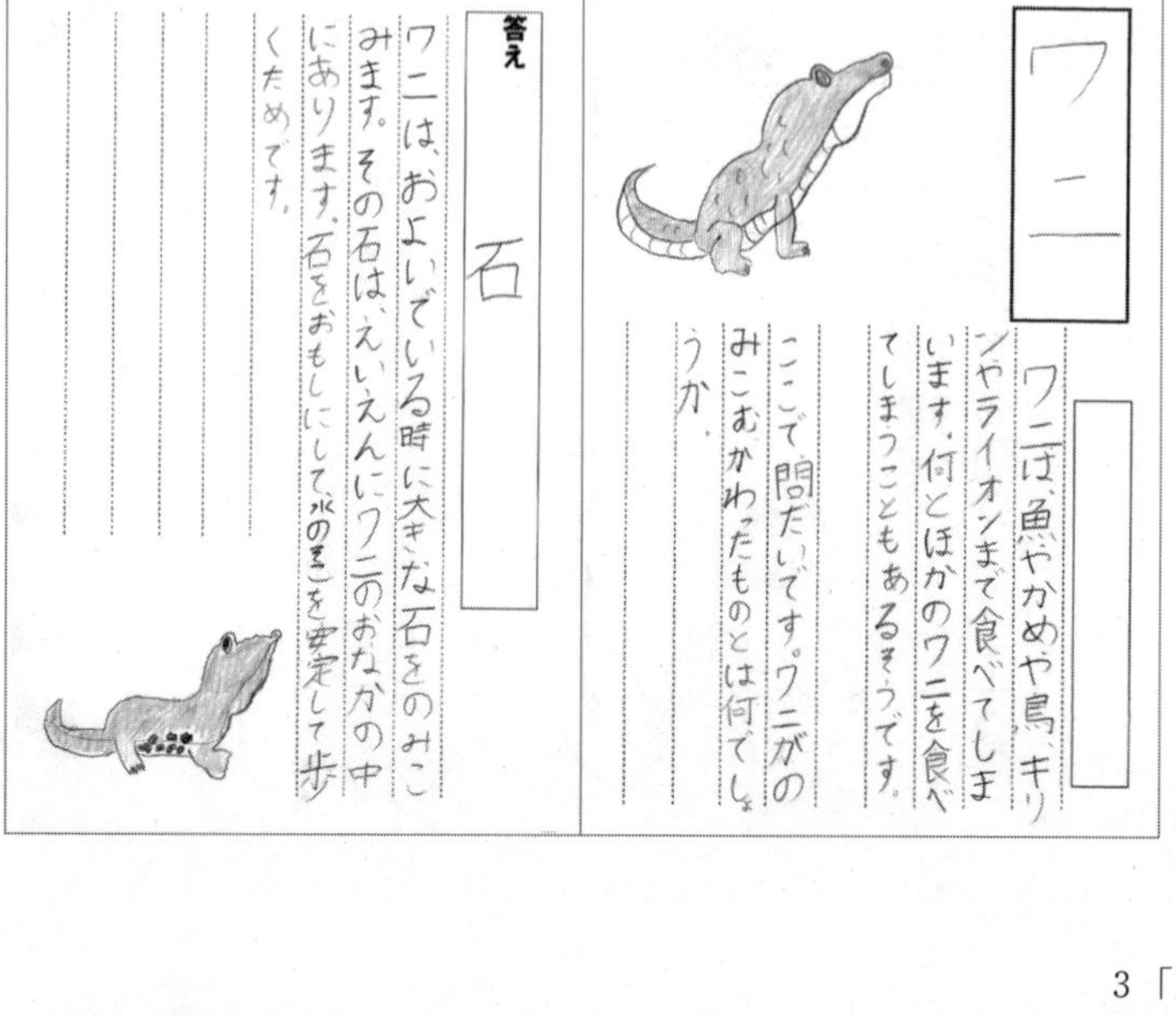
ワニ
ワニは、魚やかめや鳥、キリンやライオンまで食べてしまいます。何とほかのワニを食べてしまうこともあるそうです。
ここで問だいです。ワニがのみこむかわったものとは何でしょうか。
答え
石
ワニは、およいでいる時に大きな石をのみこみます。その石は、えいえんにワニのおなかの中にあります。石をおもしにして、水のそこを安定して歩くためです。

選択

ビーバーのダムと巣を作ろう（三時間程度）

主な言語活動

・読み取った内容を確認しながら、ビーバーのダムと巣を作る

■読みとったことを実際にしてみる

グループ（四人前後）がビーバーの家族になり、一つのダムを作ります。教科書の記述にそって、ビーバーの大工事を子どもたちが行います。

ビーバーの大工事で読みとったことを実際に行うことで事柄の順序や内容の理解を確実にすることができます。また、ビーバーの大変さや賢さを改めて実感できます。

用意するもの

・粘土
・小枝
・小石
・発泡スチロールや缶などの箱

作り方

①箱の底に、粘土を薄く伸ばして川底を作ります。川の流れの場所に線をつけ、線をつけた端を高くして、淵を作ります。
②小枝を切り倒した木に見立てて、さらに短く折ります。
③粘土で作った川の底に、小枝を差し込み、小石を置いて粘土で固め、ダムを作ります。
④巣を作ります。本当は小枝と石と粘土で作りますが、難しいので、粘土で作り、粘土の上に小枝や石を並べたり、刺したりします。
⑤粘土でビーバーを作って、飾ってもよいでしょう。また、水を入れると本当のダムのようになります。

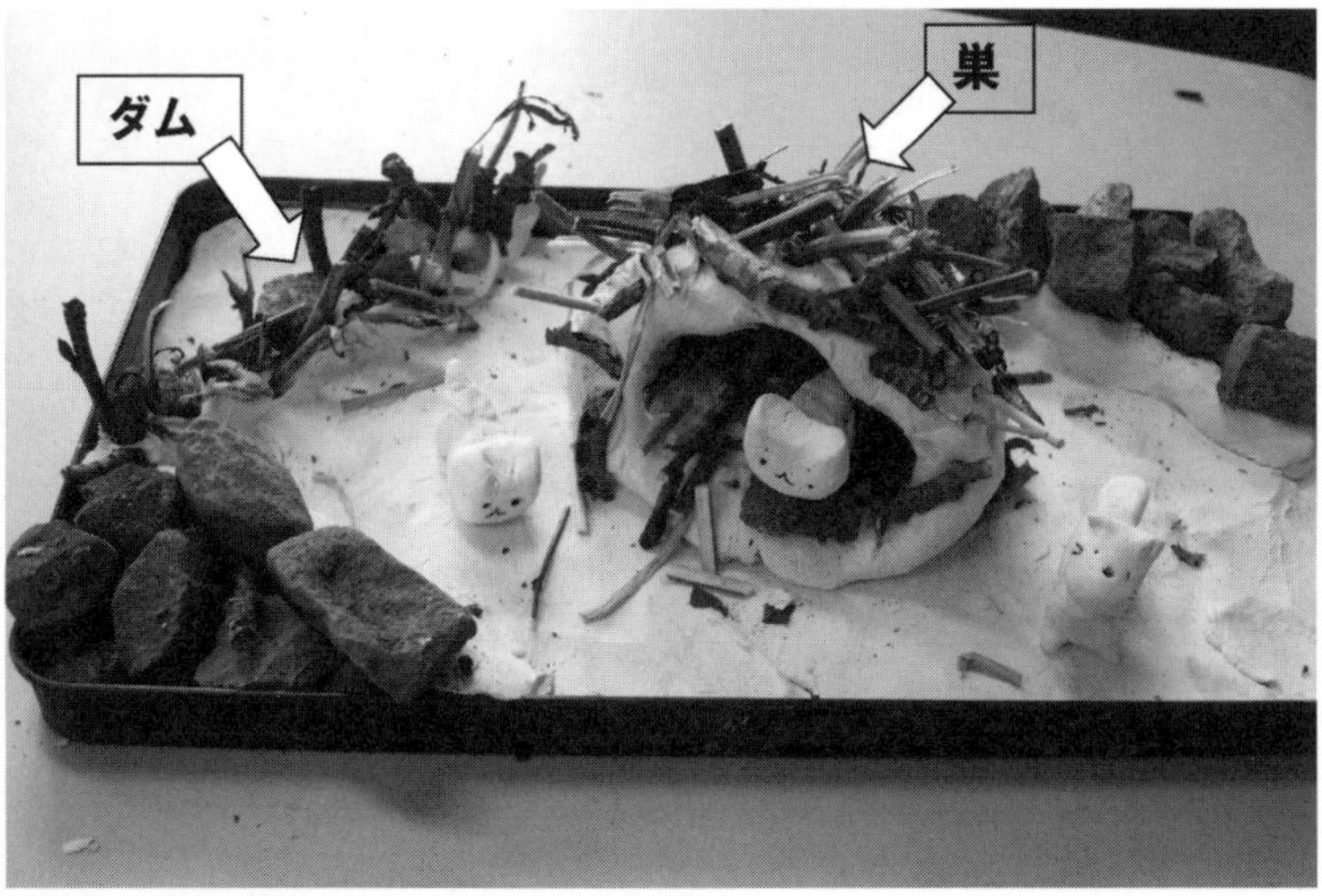

子どもたちの作ったビーバーのダムと巣

（山本　瑠香）

4 似ているところと違うところを考えながら読む

「虫は道具をもっている」

人間の道具と虫の類似点と相違点に着目しながら読む

澤口めぐみ 作
（東京書籍・二年下）

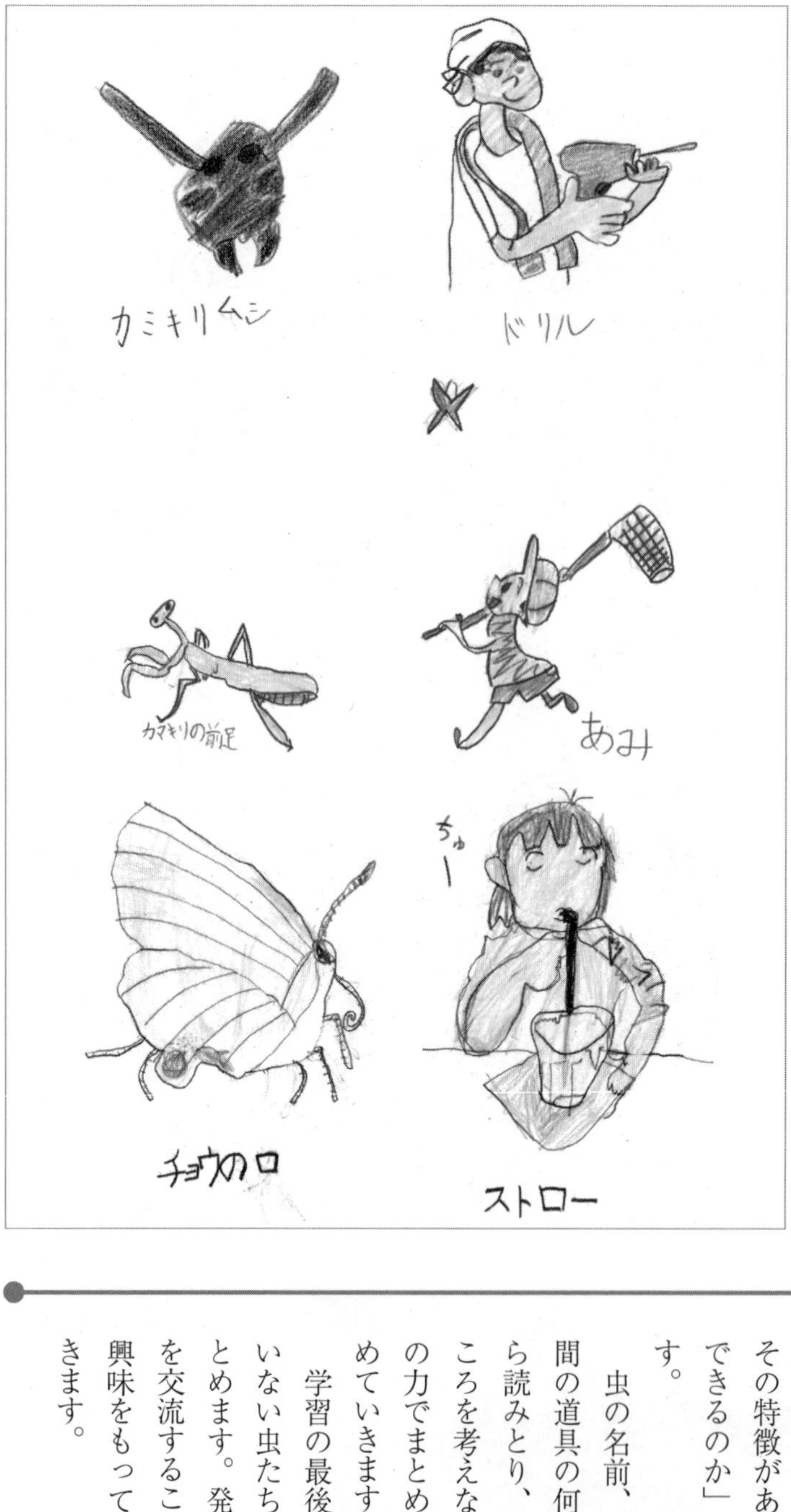

ねらいと学習の重点

虫の体のつくりと働きが、人間の使う道具の何に似ているかを読みとることがねらいです。

「虫は、どんな体の特徴があって、その特徴があることで何をすることができるのか」をしっかりとらえさせます。

虫の名前、体の部分、その働き、人間の道具の何に似ているかを、記述から読みとり、似ているところと違うところを考えながら、学習シートに自分の力でまとめる活動を中心に授業を進めていきます。

学習の最後には、教科書に書かれていない虫たちの体の特徴を絵と文でまとめます。発表会を行い、調べたことを交流することで、さらに知識を広げ、興味をもって学習に取り組むことができます。

■学習指導計画【10時間】

時	学習内容	学習活動
1	「虫は道具をもっている」の全文を読もう	○題名について話し合う。 ○全文を読み、初発の感想を書く。
2	ドリルと同じ働きをしていることを読みとろう（カミキリムシ）	○段落に番号をふる。 ○カミキリムシの大あごとドリルの働きが似ていることを読みとる。
3	虫の体と人間の道具の似ているところを読みとろう（ケラ・カマキリ・チョウ）	○ケラの前足、カマキリの前足、チョウの口が人間の道具の何と似ているかを読みとる。
4	人間がまだ発明していない道具をもつ虫たちについて読みとろう（アメンボ・ハエ・アブ・トンボ・ハチ）	○アメンボの足、ハエやアブの手足、トンボやハチの羽について読みとる。
5	虫の体のつくりのわけを読みとろう	○虫たちの体がなぜそのようなつくりになったのか、理由を読みとる。
6～8	虫の体のすごいところを紹介しよう	○好きな虫の体のすごいところや、そのような特徴をもつようになったわけを調べてまとめる。 ○調べたことを発表する。

授業展開

第1時

「虫は道具をもっている」の全文を読もう

主な言語活動

・題名から内容を想像し、話し合う。
・全文を読み、感想を書く。

■題名から想像する

「これから勉強する説明文の題名は何ですか」

・『虫は道具をもっている』です。

「みなさんは、どんな虫を知っていますか」

学習シート①に書いて発表させます。

・カブトムシ
・アリ
・今、家にクワガタを飼っています。

低学年の子どもたちは、目を輝かせて反応します。

「道具には、どんなものがありますか」

・はさみ
・金づち

例を挙げながら、道具とは物を作ったり、動かしたりするために人間の役に立つ用具であることを理解させます。

「虫たちは、はさみや金づちを持っているのでしょうか」

・本物の道具じゃないけれど、似ているものを持っているということだと思います。
・ハサミムシは、おしりにはさみがあります。
・カミキリムシは、歯がハサミみたいです。

「人間の道具ではないけれど、道具に似ているものを持っていることだと思うのですね」

■全文を読む

教師が読み、子どもたちはわからない言葉に線を引きながら聞きます。最後まで読んだら、わからない言葉の意味を確認します。

■初発の感想を書く

「『虫は道具をもっている』を初めて読んで、心に残ったこと、不思議に思ったこと、もっと知りたいことなどを書きましょう」

感想を学習シートに書きます。そのあと四人程度のグループのなかで書いたことを発表し合います。

「一人ずつ順番に発表しましょう。聞いている人は、『わたしと同じだ』とか、『わたしとは違うけれど、よい意見だな』とか考えながら聞きましょう」

・わたしはケラがくまでみたいな前足を持っ

ていることが心に残りました。どうしてアメンボは水に浮けるのか不思議です。

グループでの発表が終わったら、何人かに全体の前で発表させます。

子どもの書いた疑問は、

「みんなが不思議に思ったことやもっと知りたいことは、『虫は道具をもっている』の勉強をしていくなかで解いていきましょう」

と、授業のなかで取り上げるようにします。

読みとっていくなかで答えが出ないものは、学習のまとめの『虫の体のすごいところを紹介しよう』のところで調べさせるようにします。

「題名は『虫は道具を持っている』です。虫たちは道具を持っていましたか」

・本当の道具じゃないけれど、虫は体で道具みたいなことができるということです。

学習シート①（初発の感想）

名前

虫は道具をもっている

さわぐち　たまみ　文

虫
・アリ・カブトムシ・バッタ・チョウ

道具
・はさみ・のこぎり・シャベル

■はじめて読んだかんそうを書きましょう。

わたしは、チョウの口がストローみたいになっていることは知っていたけれど、ケラという虫が前足で土をほるなんてはじめて知りました。どの虫もすごいところがあるのだなと思いました。他の虫のことも知りたいです。

板書例

虫は道具をもっている

はじめて読んだかんそう

■心にのこったこと
・ケラが前足で土をほる。
・ハエやアブは天じょうにとまってもおちない。

■ふしぎに思ったこと
・どうしてアメンボは水めんをあるけるのか。
・どうしてハエやアブはさかさにとまれるのか。

■もっと知りたいこと
・ほかの虫も道具をもっているのか。

第2時　【第一～四段落】

ドリルと同じ働きをしていることを読みとろう（カミキリムシ）

■カミキリムシの大あごの働きを話し合う

段落ごとに指名読みをします。段落に、①、②と番号をふり、十二段落あることを確認します。

第一～四段落まで、段落ごとに音読します。

「ここは何の虫について書かれていますか」

・カミキリムシです。

学習シート②に「カミキリムシ」と書きます。

第一段落を一文ずつ、みんなで声に出して読みます。

・木のみきに、円いあなが空いています。

「どの写真のことですか」と問いかけ、写真でその様子を確認し、次の文に移ります。

「いったい、だれが空けたのでしょう。この答えは何ですか」

・カミキリムシです。

「どこに書いてありますか」

・第二段落です。

「カミキリムシが、どんなことをするか書いてあるところに、線を引きましょう。線を引いたら発表しましょう」

・大きくなると、するどい大あごでみきをかじって、あなを空け、外に出てきます。

「カミキリムシの体のどこでするのですか。学習シートに書きましょう」

・大あごです。

「どんな大あごですか」

・するどい大あごです。

写真でカミキリムシの大あごを確認し、気づいたことを発表します。

・きばみたいなものがついています。

・きばがあるから、木に穴があけられます。

・前につかまえたときに、紙を口に持っていくと、本当にかんで切りました。

文章と写真を対応させながら、また、実際に見た経験を話し合いながら、読みとっていきます。

大あごを使ってカミキリムシがすることを学習シートに書きます。

カミキリムシの幼虫は、削った木をえさにしていること、成虫もこの鋭いあごで木や草をかみ切って食べることにもふれます。

主な言語活動

・カミキリムシの大あごが、道具のドリルと同じ働きをしていることを読みとり、まとめる。

■人間の道具と比べる

「人間は、木にあなをあけるときにどうしますか」

・ドリルを使います。

挿絵を見てドリルを確認します。

「カミキリ虫の大あごとドリルの働きは同じですか、違いますか」

・同じ働きをしています。

・似ています。

カミキリムシの大あごとドリルが同じ働きをしていることを学習シートに書きます。

■まとめと新しい問いを読みとる

第四段落を音読し、

「人間なら道具をつかってするようなことを、虫たちはじぶんの体でする」

ということをまとめ、学習シートに書きます。

「カミキリムシは、何の道具を使わなくてもどんなことができますか」

・カミキリムシは、ドリルを使わなくても大あごで木に穴をあけられます。

「では、カミキリムシ以外のほかの虫たちも道具を持っているのでしょうか」

・ほかの虫たちも道具をもっています。

「道具をもっているのは、カミキリムシだけではないのですね」

カミキリムシは、一つの例であることを理解させます。

■課題をつかむ

「第四段落には問いの文があります。問いに線を引きましょう」

・『いったいどんなことをするのでしょう』です。

「人間なら道具を使ってすることを、ほかの虫たちは、どんなことをするのでしょうかと問いかけているのですね」

学習シートに問いを書きます。

最後に読み取った内容を確認するために第一～四段落を音読します。

学習シート②（カミキリムシ）

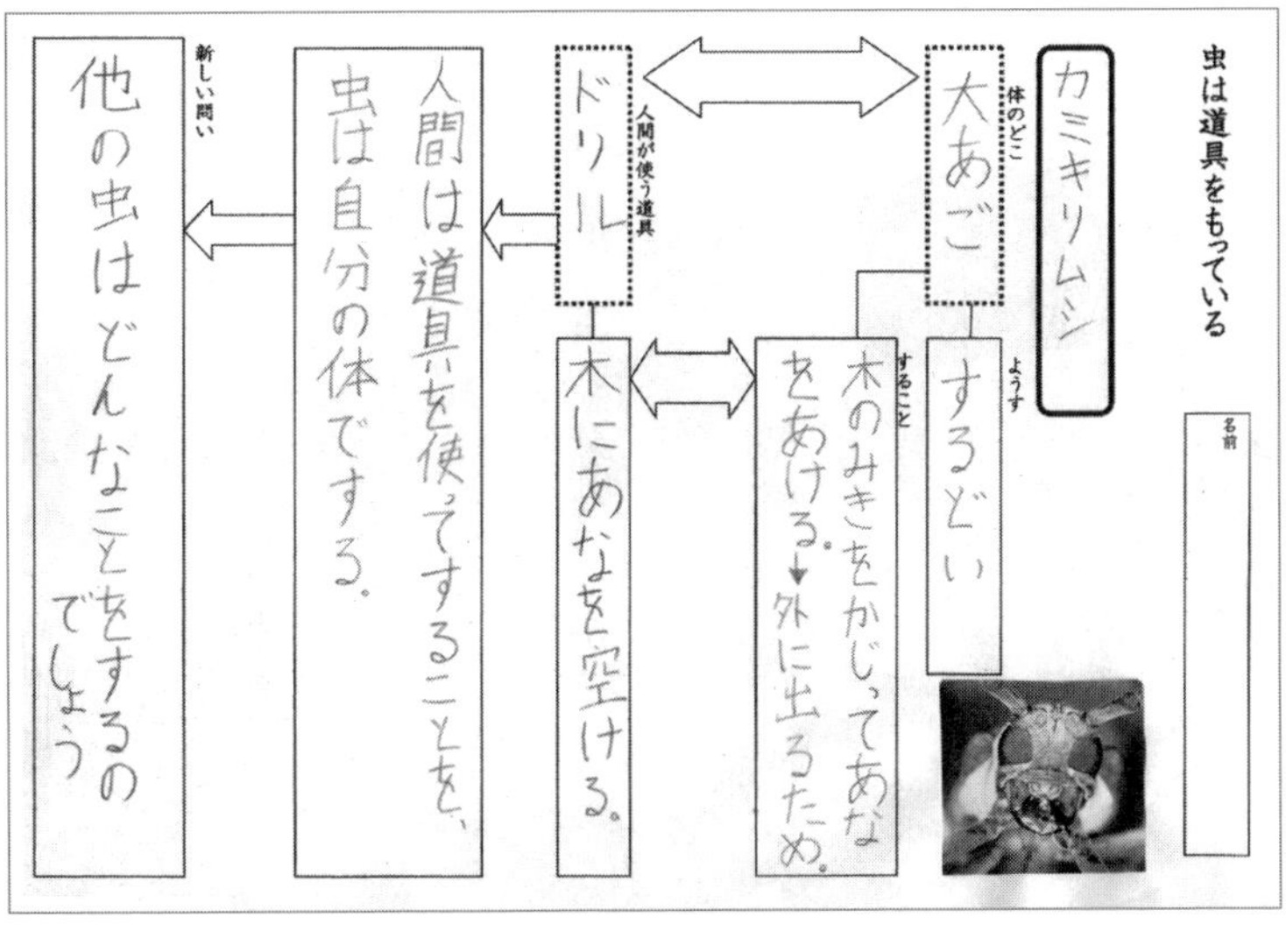

虫は道具をもっている
名前
カミキリムシ
体のどこ
大あご
ようす
するどい
すること
木のみきをかじってあなをあける。→外に出るため。
人間が使う道具
ドリル
木にあなを空ける。
人間は道具を使ってすることを、虫は自分の体でする。
新しい問い
他の虫はどんなことをするのでしょう

第3時【第五〜七段落】

虫の体と人間の道具の似ているところを読みとろう（ケラ・カマキリ・チョウ）

主な言語活動

・虫たちの体の特徴とはたらきを記述と写真をもとに読みとる。

■観点にしたがって働きをまとめる

第四段落までを音読し、カミキリムシの大あごとドリルの働きが似ていること、ここから先は、ほかの虫たちの体がどんな道具に似ているか書かれていることを振り返ります。

学習範囲の第五〜七段落を音読します。

「五段落は何の虫について書いてありますか」

・ケラです。

「ケラ」と学習シート③に書きます。

ケラに関しては、知らない子どもも多いので、どんな虫かを伝えます。

ケラ……日本ではオケラという俗称で呼ばれることが多い。コオロギの仲間。地面にトンネルを掘って、その中でくらす。

カミキリムシと同じように読みとって、学習シートにまとめます。

> 読みとりの観点
> ①体のどこの部分のことなのか
> ②その部分の様子
> ③その部分を使ってすること
> ④人間の道具の何に似ているのか
> ⑤その道具を使ってすること
> の順に追っていきます。これが終わったら、何のために、その行動をするのかを話し合います。

■人間の道具と対比して読む

「ケラの体のどの部分のことですか」

・前足です。

「どんな前足ですか」

・強くて硬い前足です。

「その前足で何をするのですか」

・土を掘り、かき分けて進んでいきます。写真で、たくましい前足を確認します。

・太くて強そうです。

・爪みたいなのが生えています。

・もぐらみたいです。

「人間の道具で言うと、何ですか」

・くまでです。

「その前足を使って何をしますか」

・土を掘って進みます。

「何のために土を掘って進むのでしょう」

・土の中でくらすためです。

・自由に進んで、えさを探すためです。

カマキリとチョウについても、同じように読みとっていきます。

「カマキリの体のどの部分ですか」

・前足です。

「どんな前足ですか」

・鋭い前足です。

写真でカマキリのするどい前足を確かめます。

「その前足で何をするのですか」

・獲物を挟んで捕まえます。

「人間の道具で言うと、何ですか」

・網です。

虫取り網で虫を捕まえた経験を振り返らせます。

「何のために獲物を捕まえるのでしょう」

・食べるためです。

獲物を捕まえて食べるのも、生きるためであることをおさえます。

「チョウの体のどの部分ですか」

・口です。

「どんな口ですか」

・長い口です。

写真で確認します。

「その口で何をするのですか」

・花のみつを吸います。

「人間の道具でいうと、何ですか」

・ストローです。

「何のためにみつを吸うのでしょう」

・えさにするためです。

共通点をとらえて道具の役割を考える

読みとったことをもとに考えます。

・ケラ＝前足（土をほる）⇩ 自由に進む、えさをとる
・カマキリ＝前足（捕まえる）⇩えものをつかまえる
・チョウ＝長い口（吸う）⇩みつをすう

⇦ えさをとることに役立つ

体の形や使う場所はちがいますが、こうすることで、どれもえさをとるために役立っていることがわかります。

学習シート③（ケラ、カマキリ、チョウ）

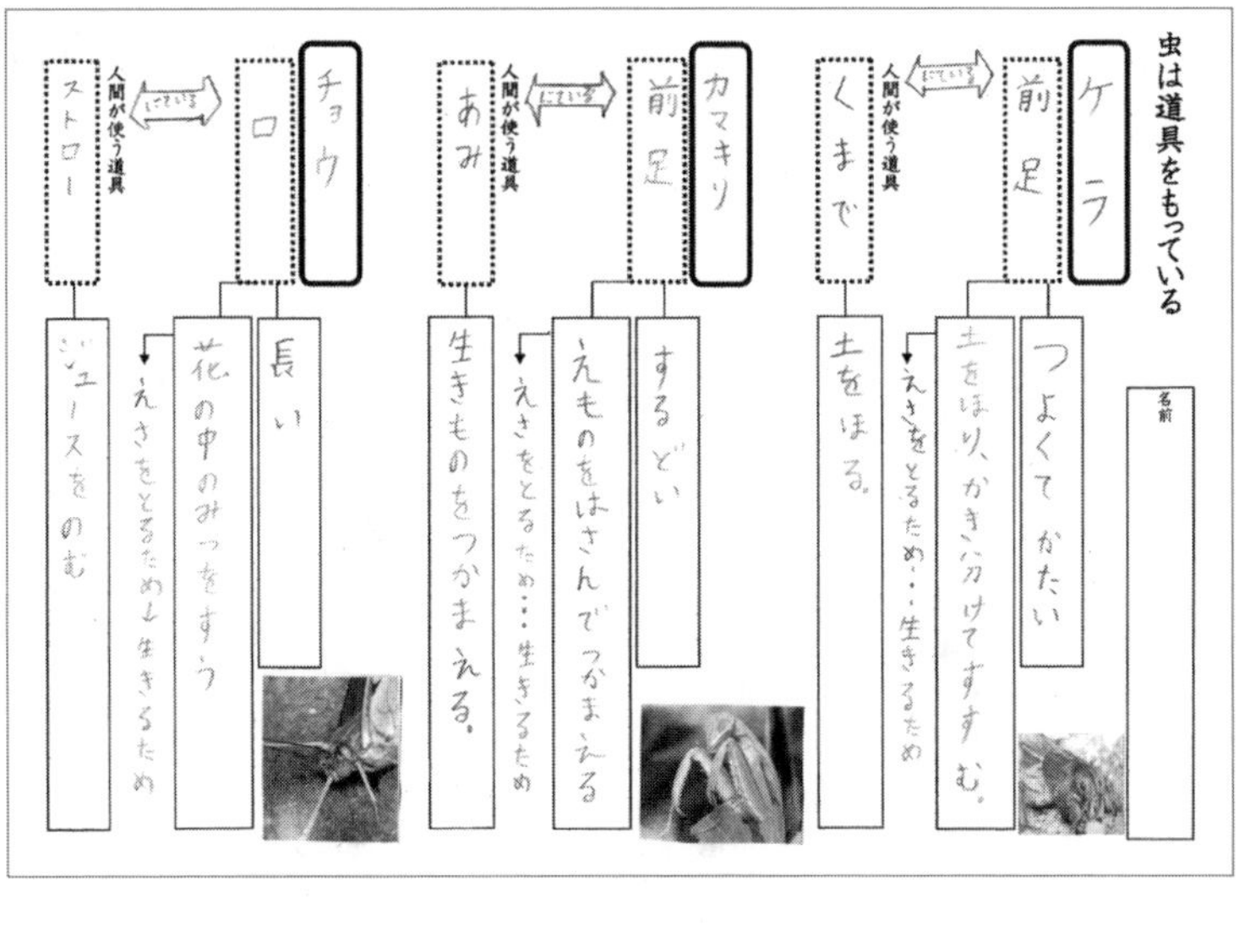
虫は道具をもっている
名前
ケラ
前足
つよくてかたい
土をほり、かき分けてすすむ。
えさをとるため・・・生きるため
人間が使う道具
にている
くまで
土をほる。
カマキリ
前足
するどい
えものをはさんでつかまえる
えさをとるため・・・生きるため
あみ
生きものをつかまえる。
チョウ
口
長い
花の中のみつをすう
えさをとるため・・生きるため
ストロー
ジュースをのむ

第4時　【第八・九段落】

人間がまだ発明していない道具をもつ虫たちについて読みとろう

主な言語活動

・人間がまだ発明していない道具をもつ虫たちについて、読みとる。

■虫たちのどんな道具かをまとめる

第七段落までを音読し、ケラ、カマキリ、チョウの体について振り返ります。そのあと第八・九段落を音読します。

「ここから先は、どんな虫たちについて書かれていますか」

・『人間がまだはつ明していない道具をもつ虫たち』について書かれています。

ここからは、人間がまだ発明していない道具をもっている虫たちのことが書かれていることをとらえさせます。

虫の名前、体の部分、その働きを読みとっていきます。学習シート④にまとめ、発表をして確認します。

「最初は、なんの虫について書かれていますか」

・アメンボです。

「アメンボの体のどの部分について書いてありますか」

・足です。

「どんなことができる足ですか」

・『水面をじゆうにあるける足』です。

写真を見て、水面に浮かんでいることを確認します。

「写真を見て気づいたことはありますか」

・足がすごく細いです。

・軽いから浮くのかなと思います。

「アメンボが水面を歩いているのを見たことがありますか」

・公園の池にいました。

・忍者みたいに浮きます。

ハエやアブ、トンボやハチについても、このように発表させていきます。

『トンボやハチのように』『虫たちもいます。』の記述から、羽をもつ虫はほかにもいることを想起させます。そして、ほかにはどんな虫がいるかを発表させます。

■「人間がまだ発明していない」について考える

「この言い方からどんなことを感じますか」

・人間はこういう道具もほしいと思っています。

・虫たちはすばらしいと思っています。こんな気持ちが伝わる表現です。

■感想を書く

三つの虫について読みとったあと、感想を書かせます。

・アメンボは水の上を歩けるなんて、すごいと思いました。

・忍者みたいでかっこいいです。どうして水の上を歩けるようになったのだろうと不思議です。

このような感想から「どうしてこのような体をもつようになったのか」という次の段落の問いに続けていきます。

第八・九段落を音読して終了します。

学習シート④（アメンボ・ハエ・アブ・トンボ・ハチ）

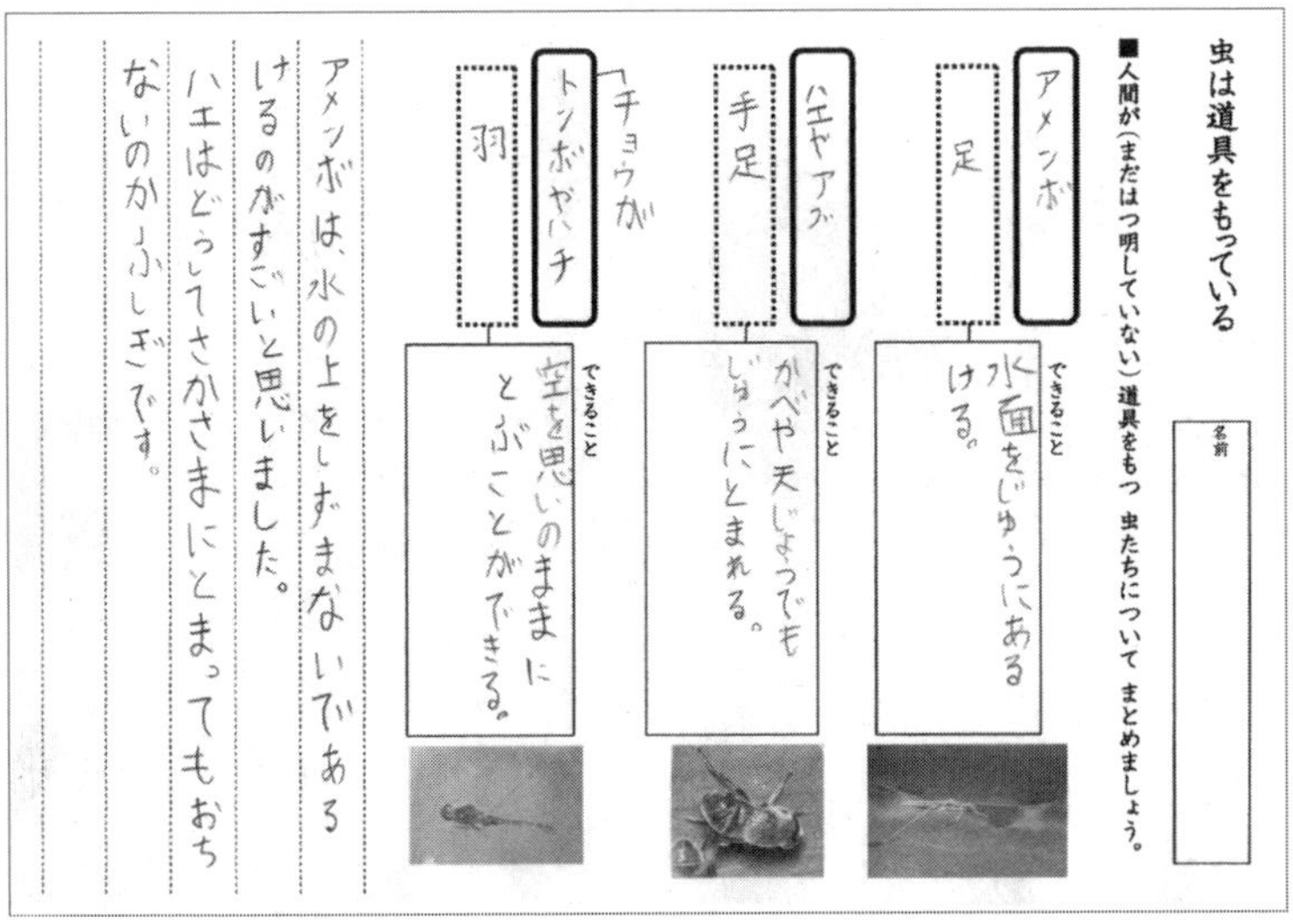

虫は道具をもっている
■人間が（まだはっ明していない）道具をもつ　虫たちについて　まとめましょう。
名前
アメンボ
足
できること
水面をじゆうにあるける。
ハエやアブ
手足
できること
かべや天じょうでもじゆうにとまれる。
トンボやハチ
「チョウが
羽
できること
空を思いのままにとぶことができる。
アメンボは、水の上をしずまないであるけるのがすごいと思いました。
ハエはどうしてさかさまにとまってもおちないのかふしぎです。

豆知識　なぜ、アメンボは浮けるのか

①アメンボの足には油のしみこんだ細かい毛がたくさん生えているので、水をはじき、足がぬれないため。

②アメンボの足で引き伸ばされた表面積をもとに戻そうとして水の表面張力が表面を縮め、足を持ち上げるため。

③アメンボの足が作るくぼみの浮力が足を持ち上げるため。

二年生の子どもたちに②と③を理解するのは、難しいでしょう。そこで、『軽くてぬれにくいものは浮く』と説明します。

どんなに軽いティッシュペーパーでも、水に濡れれば沈んでしまいます。しかし、水をはじくセロハンのようなものは、軽ければ浮くことを実際にやってみせて紹介します。

なぜ、ハエやアブは逆さにとまれるのか

ハエの足の先は吸盤のようになっているので、壁や天井など、つるつるしたところでも自由にとまったり、歩き回ったりすることができます。しかし、吸盤にごみが付いてしまうと、その効力は失われてしまいます。

ハエが足をこすり合わせているのは、吸盤に付いたごみを落とし、唾液を塗って湿り気を与え、粘着力を維持するためです。

第5時 【第十〜十二段落】

虫の体のつくりのわけを読みとろう

主な言語活動
・虫たち体をもつようになった理由を読みとる。
・言いかえて具体化して読みとる。

■課題をとらえる

第九段落までを音読し、人間がまだ発明していないことまでできる虫の体について振り返ります。そのあと、第十〜十二段落を音読します。

「また、問いが出てきました。問いの文に線を引きましょう」

・『どうして虫たちは、このような体をもつようになったのでしょう。』

問いの文を学習シート⑤に書きます。

「『このような体』とは、どんな体ですか」

今までの学習を振り返って確認します。

「虫の体がこのようになったのは、何に関係があるのですか」

・虫たちの生き方です。

「どんな生き方をしているのですか。わかるところに線を引きましょう」

・『虫たちは、生きていくために、木や草の上、地面、土の中、水の中などの様々場所に分かれて住んできました。』

「虫たちの生き方と、何が関係しているのですか」

・場所です。

「住んでいる場所が重要なのですね」

■場所について考える

虫の住んでいる場所の絵を学習シートに描き、それぞれの場所にすんでいる虫を発表させます。

○木や草の上……カミキリムシ、カマキリ、チョウ、トンボ、アブ
○土の中………ケラ
○水の中や水辺…アメンボ

「こうして並べてみると、虫たちは地球上のあらゆるところで生きていることが想像できますね」

■場所に合わせて変えてきたとは、どういうことか考える

「こういう場所に分かれて住んだので、虫はどうなったのですか」

この問いで、まとめの文を見つけて、学習シートに書きこみます。

「まとめの文・答えの文」とおさえます。そして、これを具体的に言いかえて理解します。

ケラ　・土の中に住む（場所）
↓土を掘って進む
↓くまでのような前足

カマキリ　・葉や木の上に住む（場所）
↓すばやく獲物をとる
↓網のような前足

右のようなメモをもとに、次のように説明ができるとよいでしょう。

・ケラは土に中に住んでいるので土を掘って進めるように、前足が変わったのです。

これらを全部まとめると、「場所や食べ物、暮らし方に合うように体を変えてきた」となるのです。

■昆虫の進化にかかった長い年月を想像する

第十二段落の「かえてきた」と「かえた」を板書して比較させます。

板書例

・かえた
・かえてきた

・「かえた」は、すぐに変わったという感じがするけれど、「かえてきた」は、少しずつ時間がかかって変わってきた感じがします。

・すごく長い時間をかけて進化したのだと思います。

第十段落の『もつようになった』とも対応させ、虫たちが現在のような体を持つまでには、長い時間がかかったことをとらえさせます。

昆虫は恐竜誕生よりも前の約四億年前から地球に生息していたといわれています。今まで、何気なく接してきた虫たちは、厳しい自然を生き抜いていくために長い年月をかけて体のつくりを進化させて、現代まで生き抜いてきたことに気づかせます。

第一段落から最後までを音読します。

学習シート⑤（虫のすむ場所）

虫は道具をもっている
■問い■
どうして虫たちは、このような体をもつようになったのでしょう。
虫のすむばしょ
名前
■答え■
虫たちはすむばしょや食べ物やくらし方に合うように、体の形やはたらきをかえてきたのです。
長い時間をかけて、かえてきた。

第6・7・8時

虫の体のすごいところを紹介しよう

主な言語活動

・虫の体の特徴とその理由を調べて、絵と文にまとめる。

■好きな虫のすごいところを調べる

枠を印刷した画用紙に、好きな虫を選んで書かせます。書き方のきまりを伝え、それに沿って書かせます。

教師が事前にお手本を書いて、子どもたちがそれを見ながら書けるようにすると、書くのが苦手な子どもも、安心してどんどん書くことができます。

書き方のきまり
①体の特徴とその様子
②その部分の働き
③そのような体をもつようになった理由
①〜③を順番に書く

トンボの体の特徴と理由のまとめ

名前

トンボの大きな目の中には、「ふくがん」という六角形の小さな目がたくさんあります。小さな目は、二まんこくらいもあります。

この、ふくがんがたくさんあるので、トンボは虫の中でいちばん目がよいのです。

このような体になった理由は、トンボはとびながらえさの小さな虫をつかまえるからです。

①体の特徴とその様子

②その部分の働き

③そのような体をもつ理由

■発表会をする

完成した作品は、発表会の時間を設けて一人ずつ発表します。発表は、まず四〜五人のグループのなかで行います。そのあと、クラス全体で一人ずつ発表します。

発表会が終わったら、全員の作品を人数分印刷して、表紙をつけた一冊の本にして配ります。

（山本　瑠香）

コラム column

広げ読みとまとめ読み

低学年の説明文では、概念的な文はとても大事な文です。そういう文は、言い換えや具体化をします。「虫は道具をもっている」では次の文です。

虫たちは棲む場所や食べ物や暮らし方に合うよう体の形や働きを変えてきたのです。

ここは具体的に言い換えさせます。これを「広げ読み」と言い、次のように質問します。

「チョウの場合はどう言うことですか。カマキリの場合はどう言うことですか。それをノートに書きましょう。」

すると、次のような発表になるでしょう。

●チョウは、花の中の蜜をうまく吸えるように口が長くなったのです。

→食べるものに合わせて口が変わったということですね。

●カマキリは葉っぱの上で虫を素早く捕まえられるように前の足が大きくなりました。

→場所やどんな餌かに合わせて前足が変わったんだ。

「→」から下は先生が補います。こうして具体的、半具体的に理解していくようにします。そのあとで

「この二つをまとめるとどうなりますか」

と聞くことで、もとの文・概念的な文に戻ります。これを「まとめ読み」と言います。概念的な文を具体的な例をもとに理解できたということができます。

「たんぽぽのちえ」では、まとめ読みが多く使われています。本書を参照してください。

> 花の軸…地面に倒れる
> 　種に栄養を送るため

ここをおさえた後で「これを何と言いますか。」と聞きます。すると、子どもたちの回答は、

> ・タンポポの知恵です。
> ・種を大きくするための知恵です。

こうなるでしょう。

このようにして「広げ読み」と「まとめ読み」を意識的に取り入れていくことで思考力も高まると考えています。

（今）

Ⅲ

言語活動・言語事項
子どもが生きる
ことばが活きる

よく思い出して順序よく書く

作文、よく見て、聞いて

「箱の中には何がありますか」

ねらい
よく思い出して書く。順序よく書く。

指導時間（目安）
2時間

■出来事の順序を書く

「順序よく書く」には、説明文の順序と出来事文の順序があります。

説明文の順序は、説明する人・筆者の意識に大きくかかわります。ですから順序は一定ではありません。「わたしのお父さん」という作文を書くとしたら、名前から書いても、仕事から書いても、趣味から書いてもよいのです。

そこで、作文の初歩としては「出来事を書く」「時間の順序で書く」を指導していきます。

見たこと、聞いたこと、したこと、思ったことを、順序よく書けるようにします。じっくりとよく思い出して書くことが指導の中心になります。

読み合いも、書くための大きな力となります。作文のよいところの読み合いを中心にしながら書き方の指導、言葉の指導をします。

■「箱の中には何がありますか」

大中小の箱を用意します。一番小さな箱には折り紙で作った星を入れておきます。小さなものから順番に入れて大きな箱一つにします。大きな袋に入れて、教卓やテーブルの下に隠しておきます。

「これから作文を書きます。見たこと、聞いたことをしっかりと覚えていてください」

そう言ってからゆっくりと、教卓の下から、袋を取り出しテーブルの上に置きます。

これだけで子どもたちは、何だろうと集中します。教師は黙ったままゆっくりと袋から、箱を出します。

・箱だ。何が入っているのかな。

こんな声が静まるころ、

「これは箱です。何が入っているかな。」

と聞きます。手が挙がります。

・ボールだと思います。

・生き物だと思います。

いくつか意見を出させたあと、箱を開け、ゆっくりと箱を取り出します。

・わー、箱だ。

・黄色い箱だ。

「残念でした。また箱でしたね」

再び二人ぐらい指名して、中身を予想してもらいます。そうして三つ目の箱を出し、同じようなやりとりをして、なかの星を出して見せながら言います。
「この星のようにみんなさんにも輝いてほしいと思います」

よく思い出して作文を書く

「これで終わりです。今までのことを、よく思い出して作文に書きましょう。箱は並べておきますから見ながら書いてもいいですよ。友だちが言ったことも思い出して書いてください」

書き方については、「よく思い出して」だけにします。書き始める前に次のように聞いて決めさせます。

「どこのところから書き始めますか」

こうすることで場面の始まりを意識させます。あとは見た順、聞いた順に書いていきます。

・思ったことも書いていいですか。
「どうぞ、思ったことや考えたことも書いていいですよ」

思ったことを書く子どもが増えます。

「順序よく書けたかな」

教師が実演した時間は、三、四分ですが、その間の出来事をよく思い出して書くと、二十五分ぐらいはかかります。全員が書きあげたころ、二人くらいを指名して、作文を読んでもらいます。

作文のべんきょう

先生がふくろを出しました。きみどり色でした。中にはこが入っていました。
「はこに何が入っているか。」
と言いました。中にはピンクのはこがまた入っていました。こんどもまた、
「何が入っているか。」
と聞きました。ちゃいろいはこでした。その中には、金色のおり紙で作った星がありました。

だいたい見たことだけですが、順序よく書けています。はじめはこれでよいのです。

「どこがいいですか」

・先生がしたことがわかります。
「そうですね。したことがどう書かれていますか」
・順序がよくわかります。
そこで、黒板に置いてある箱の順番と比べてみます。
・ちゃんと順番になっています。
ここで自分の作文を見てそうなっているかを確認させます。ほとんどの子どもが順番通りになっているでしょう。こうしてよく思い出して書くと、順序よく書けることを実感させます。

「今、先生がやって見せたのはたったの三分間でした。それをよく思い出して書いたから、こんなに書けたのですね」

もう一人読ませ、順序よく書けていることを確認してからこう言います。
「でも、前の○○さんと違うことも書いてありますよね。同じことを見ていても同じことを聞いていても、作文は違ってくるのです。それはみんな、自分らしく感じるからです。それが作文のおもしろいところですね」

板書例

よく見て、よく聞いて――作文
よく思い出して
じゅんじょよく書こう

ふくろ
はこ
はこ
はこ
ほし

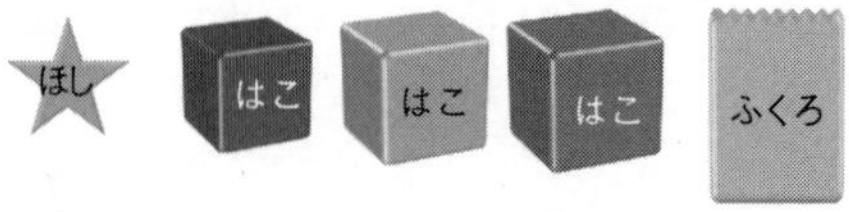

じゅんじょ　よく　書けたかな

○したことがわかる。
○じゅんばんがわかる。
○はこの色もわかる。
・よく見ていたから。
・よく聞いていたから。
・よく思い出したから。

■「どこがよいでしょう」（読み合い）（次時）

前時に書いた作文から一点、印刷して配ります。同じものを拡大コピーして黒板に貼ります。選ぶ基準は、「よく思い出して書いている」ものです。できればまわりの様子が書かれているとよいでしょう。

作文を配ったら、教師が音読します。

はこの中には何がある

山本　翔太

先生が大きなふくろを持ち上げました。ぼくは、（何が入っているのかな。）と思いました。先生はふくろから大きなはこを出しました。きみどり色の四角いはこでした。

「何が入っているかなあ。」

と先生は言いました。さとうさんが
「ボールかな。」

と言いました。先生は、ふたをあけて、中から、はこを出しました。みんなは、

「またはこだ。」

と言いました。きいろいはこです。先生は、

「さてこんどは何かな。」

と聞きました。だれかが、

「生きものかなあ。」

と言いました。でもちがっていました。また、はこでした。ちゃいろいので、チョコレートが入っているのかなと思ったけれども言いませんでした。でも出てきたのは、星でした。金色でした。山田さんが
「星がほしい。」

と言ったのでみんな笑いました。星はきらきらしていました。


「この作文を読んでどうでしたか。思ったことを言ってください」

よいところや、おもしろいところなど限定しないで、自由に感想が言えるような発問をし、板書していきます。

・順序よく書けています。
・星がほしいと言ったのがおもしろいです。
・箱の大きさや色がわかります。
・思ったことがわかります。
・友だちの言った言葉がわかります。
・先生のしたこともわかります。

■よく聞いていたことを話し合う

「よいところがたくさんありますね。このなかで、よく聞いていたなと思ったところに線を引いてください」

・「何が入っているかなあ」は先生が言った言葉がよくわかります。

・「星がほしい」は、山田さんの言った言葉がおもしろいです。

このように、話をよく聞いて、会話や話した言葉をそのまま書くとおもしろいことを伝えます。

「では次はよく見ていたなと思ったところに波線を引いてください」

・「先生が大きなふくろを持ち上げました」のところです。ただ、出したではなく「持ち上げました」がいいと思います。

・「星はきらきらしていました」は、星の様子がわかります。

色や形や大きさなどもたくさん出されるでしょう。

「よく見て書いてあるので、したことや様子がわかるのですね。ほかにどんなことがわかりますか」

・山本くんが思ったことがわかります。

思ったことがわかるところを□で囲んでもらいます。

・「何が入っているかなあ」は、考えているところ。

・チョコレートが入っていると思ったけれどだまっていたところ。

思ったことや考えたことのなかには、その子どもの人柄やふだんの行動が反映されています。

「よく思い出して書くと山本くんのようなおもしろいよくわかる作文になるのです」

ここで、山本くんにどこに気をつけて書いたかを話してもらってから、作文を音読してもらいます。

「では、自分の作文を見てください。山本くんのように、よく思い出して書けたところはありますか」

・山本くんの作文は、箱の大きさや形まで書けていていいと思いました。会話もよくわかりました。わたしも会話は書けたけれど、今度は、星が光っていたみたいな様子も書きたいです。

・わたしも思ったことはあったけれど、書かなかったから、今度は、書きたいです。

板書例

作文のべんきょう
じゅんじょよく書こう
「はこの中には何がある」
○じゅんじょ
ふくろ　きみどりのはこ
きい⬇のはこ　茶色いは⬇こ　ほし
○会話＝話したこ⬇、聞いたこ⬇
「何が入っているかなあ」
「ボールかな」
○見たこと＝大きさ、色など
大きなふくろ
きみどり色のはこ、きいろいはこ
金色のほし
○思ったこと
チョコレートが入っていると思った

（今井　成司）

絵に描いて、文章に表す

あったらいいなと思うものを伝えよう

「あったらいいな、こんなもの」（光村図書・二年上）

ねらい

絵に描いたことを文で表し、伝える。

指導時間（目安）

2時間

■あったらいいなと思うものの絵を描く

子どもたちは、「あったらいいな」と思うものは、わりとすぐに思いつきます。けれども、そのものの細かい形態を深く考えたり、文章に表したりすることは難しいようです。

そのため、文章を書く前に絵を描きます。絵を描くなかで、文章を書く前に、そのものの色や形、特徴などが具体的になっていきます。それを言葉にすれば、どの子ども楽に文章を書くことができます。

■説明を書く

次のような書き方の型を提示し、三つの段落に分けて書かせます。そうすることで、子どもたちが自分の力で書くことができるようになります。

・わたしが、あったらいいなと思うものは、○○ができる○○です。名前は、「○○」です。
・「○○」は、○○の形をしています。
（重さ、色、どのように使うか）
・「○○」を使うと、○○ができます。
（おすすめのポイントなど）

一つの段落を書いたら教師に見せるようにすると、子どもたちも安心して活動できます。下書きができたら、清書用の紙に書き、絵の裏側にはりつけます。

わたしが、あったらいいなと思うものは、お話のなかに入ることのできるまほうのくすりです。名前は「お話ドロップ」です。

「お話ドロップ」は、星の形をしています。色は金色です。一回に一つぶのみます。けれども、二十四時間しかもちません。

「お話ドロップ」をのむと、好きな本のなかに入って、キャラクターたちとあそぶことができます。

ペアで読む練習をする

初めは一人で文章を読む練習をします。発表のときには、下を向かないで発表できるように、できるだけ暗記して発表させます。

次にペアでミニ発表会をします。相手が発表したら、よかった点や、改善点などを言わせます。そのあとには、全体で友だちのよかったことや、直すともっとよいことを話し合います。出た意見を黒板に整理し、発表会の本番で気をつけることを確認します。

発表会をする

発表会は、グループで行います（学級の実態に応じて、全体での発表にしてもかまいません）。また、同じグループではなかった友だちの作品を見る場も設定しましょう。

始める前に、話すときと聞くときのポイントを全体で確認します。ポイントは、教室に掲示しておくと、どの学習にも生かすことができます。

> ○話すとき
> ・大きな声ではっきり話す。
> ・相手を見て話す。
> ○聞くとき
> ・相手を見て聞く。
> ・さい後まで聞く。
> ・よいところやしつ問を考えながら聞く。

司会は、一人が発表するごとに交代し、全員が経験するようにします。

> ○司会の言葉
> ①これから、「あったらいいなこんなもの」の発表会をはじめます。
> ②○○さんから発表をおねがいします。
> ③（発表がおわったらはく手）
> ④質問はありますか。
> ⑤カードを書いてください。
> ⑥○○さんの次に発表する人が、よかったところを発表してください。
> ⑦○○さん、ありがとうございました。

発表会カードを色画用紙に印刷して子どもに配ります。

自分の発表のときにも、自己評価を書かせて、授業の最後に発表者に渡します。自分の発表のよいところが必ず書いてあるので、もらうと笑顔になります。

「あったらいいなこんなもの」発表会

さんへ

◎よくできた　○できた　☆もう少しがんばるともっとよくなる

①よいところやしつ問を考えられましたか。	
②さい後までしっかり聞けましたか。	
③あなたは、相手の目を見て聞けましたか。	
④発表した人のしせんはどうでしたか。	
⑤発表した人の声の大きさはどうでしたか。	

♪友だちのよかったところを書きましょう。♪

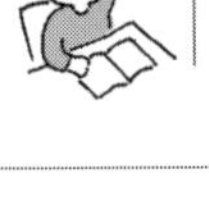

（山本　瑠香）

お話を聞き取り、クイズに答える

子どもが夢中になる読み聞かせ

「いなばの白うさぎ」（光村図書・二年上）、「三枚のおふだ」（光村図書・二年下）

ねらい
読書に興味をもたせる。

指導時間（目安）
随時

低学年の子どもたちは、読み聞かせをしてもらうことが大好きです。自分では読むのが苦手な子どもでも、先生に読んでもらうと、目を輝かせて聞いています。読み聞かせに興味をもてば、次第に自分でも読書をするようになっていきます。そのため、ここでは読書に興味をもたせることがねらいです。

本の内容に関するクイズを行うことで、子どもたちは、一字一句聞き逃さないようにと、食い入るように聞きます。また、低学年で大切な、お話の順序をとらえることにおいても効果的です。

■読み聞かせの方法

子どもたちを教室の前に集めて座らせます。本との距離が近くなることで集中し、挿絵もよく見え、お話の世界に入り込みやすくなります。教科書に全文が載っている話の場合は、自分の席で教科書を見ながら教師の読み聞かせを聞くようにします。

読む前に、「**読み終わったら、クイズを出すので、よく聞いておいてね**」と声をかけると、子どもたちは目を輝かせて聞き入ります。

読み終えたら、自分の席に戻らせ、ゲームの説明をします。

■「いなばの白うさぎ」

読み聞かせをしたあとに、学習シートを配ります。子どもたちは、内容を思い出しながら、空欄に言葉を入れていきます。最初は、個人で考え、そのあと、グループで話し合う時間を取ります。

どのグループも話し合いが終わったら、答えの確認のために、もう一度読み聞かせをします。答えがわかる場所にきたら、全体で答えの確認をし、学習シートに丸つけをします。答えの部分を読むたびに、「やった」「当たった」と歓声が上がります。

■「三まいのおふだ」

三枚という繰り返しを生かし、それぞれのお札を使うときに、小僧は何と言ったかを考えさせます。「いなばの白うさぎ」と同じように、はじめは個人で考え、そのあと、グループで話し合います。

いなばの白うさぎ

名前

いずもの国に□□人ものかみさまの兄弟がいました。兄弟たちはたがいに力をきそい合っていましたが、□□□子のオ□□□□□は、兄さんたちとはちがい、あらそうことを このみませんでした。

みさきで、赤はだかの□□□がたおれていました。□をすっかりむしりとられています。そのわけを聞くと、□□□しまから、けたのみさきにわたってみたくて、海にいる□□のせなかにのって、みさきにわたろうとしたと言います。

「われわれ□□□と、きみたち□□さんと、

どっちがおおいか少ないか□□□□みないか。」

「わにさん、けたのみさきまで□□□につながっておくれ。□□□の上をぴょんぴょんとんで数えよう。」

あと一歩できしにおりるというとき、うれしくなって、つい、

「きみたち、□□□□たね。」

と、言ってしまったのです。

「おお、かわいそうに、すぐ□の水であらいなさい。それから□□のほをまきちらし、ねころがるとよい。」

すると、本当にまっ白い□□□□の毛の□□□□にもどりました。

「いなばの白うさぎ」学習シート

三まいのおふだ

名前

★一まい目のおふだを使う時に言ったこと。

★二まい目のおふだを使う時に言ったこと。

★三まい目のおふだを使う時に言ったこと。

★おしょうさんが、山んばに言ったこと。

★お話の最後の言葉。

①「大水、出ろ。」
②「すな山、出ろ。」
③「おれ、はらがやめるから、べんじょさやってけろ。」
④「大山、出ろ。」
⑤「したら、まめつぶになってみろ。」
⑥「大海、出ろ。」
⑦「大川、出ろ。」
⑧「したら、米つぶになってみろ。」
⑨「大なみ、出ろ。」
⑩「おれがだいぶにげのびるまで、まだだって、言ってけれ。」
⑪「おれがだいぶにげのびるまで、いいよって、言ってけれ。」
⑫ めでたし、めでたし。
⑬ どっとはらい。
⑭ どっとはれ。
⑮ どんとはれ。
⑯ とっぴんぱらりのぷう。

「三まいのおふだ」学習シート

物語の最後の「どっとはれ」は、めでたしめでたしの方言です。学習シートに載っている⑬から⑯は、すべて「めでたし、めでたし」の方言ですので、答え合わせのときにそれも伝えるとよいでしょう。

お話を読み終わったらクイズを出すので、よく聞いてくださいね。

桃太郎は、おじいさんおばあさんと幸せにくらしました。めでたし、めでたし。

では、もう一度お話を読みます。お話の内容が違うなと思ったら、「はい。」と手を挙げてください。

むかし、むかしあるところにおじいさんとおばあさんがいました。おじいさんは、山にしばかりに、
おばあさんは、池に洗濯に行きました。

池ではなく、川です。

では、確かめてみましょう。

「おばあさんは、川へ洗濯に行きました。」正解ですね。

桃太郎が歩いているとはじめにサルに出会いました。

はい！サルじゃなくて犬です。

①まちがい探し

■クイズを取り入れた読み聞かせ

①まちがい探し

一度本を読んだあとに、いくつか内容を変えてはじめから読みます。たとえば、様子や名前や順番、数などを変えてみます。違うと気づいた子どもには、手を挙げさせます。まちがい探しは、読み聞かせをした場所で行うとよいでしょう。

②この人いたかな？　いなかったかな？

読み聞かせをしたあと、登場人物と出てきていない人物の書いてある学習シートを配り、お話に出てきた人物に丸をつけさせます。登場人物がたくさん出てくる「てぶくろ」などがこの方法に向いています。

③これだれのもの？　この人はだれでしょう？

登場人物の性格や特徴や持ち物を書いた学習シートを見ながら、それが誰であるかを当てさせます。「王さまと九人の兄弟」がおすすめです。

④お話バラバラ事件

バラバラに並んだ絵本の挿絵のコピーや文を、お話の順番に並べていきます。「わらしべ長者」や「ももたろう」のように登場人物や物が順に出てくるものがおすすめです。

「てぶくろ」お話クイズ

名前

お話に出てきた動物に○をつけましょう。

（　）おしゃれねずみ
（　）くいしんぼねずみ
（　）ぴょんぴょんバッタ
（　）ぴょんぴょんがえる
（　）くいしんぼたぬき
（　）はやあしうさぎ
（　）おしゃれぎつね
（　）はいいろおおかみ
（　）くろおおかみ
（　）こわがりねこ
（　）いぼいのしし
（　）きばもちいのしし
（　）のんびりぐま
（　）のっそりぐま

②「てぶくろ」お話クイズ

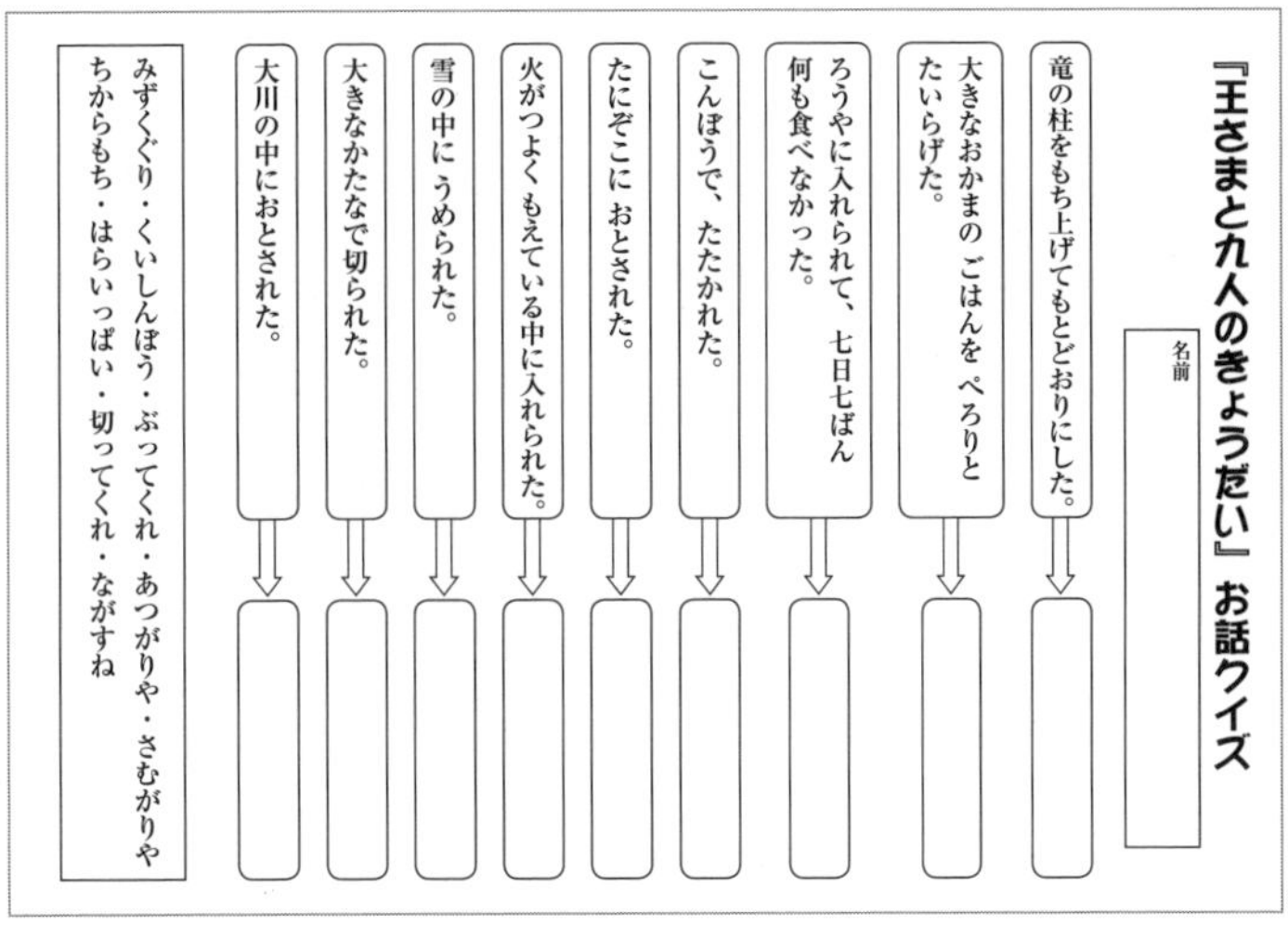
『王さまと九人のきょうだい』お話クイズ

名前

竜の柱をもち上げてもとどおりにした。
大きなおかまの ごはんを ぺろりとたいらげた。
ろうやに入れられて、七日七ばん何も食べなかった。
こんぼうで、たたかれた。
たにぞこに おとされた。
火がつよくもえている中に入れられた。
雪の中に うめられた。
大きなかたなで切られた。
大川の中におとされた。

みずぐぐり・くいしんぼう・ぶってくれ・あつがりや・さむがりや
ちからもち・はらいっぱい・切ってくれ・ながすね

③「王様と九人の兄弟」お話クイズ

④「ももたろう」お話バラバラ事件

（山本　瑠香）

楽しみながら声を出し、子どもたちの声を育てる

音読・群詩

「声に出して読もう」

ねらい
大きな声ではっきり読み、表現する。

指導時間（目安）
随時

国語の授業のはじめの数分間や、朝学習の時間に行います。短時間でも毎日続けることで効果が出てきます。

学習シートをＢ４判に拡大して全員分印刷します。それぞれのりで貼り、表紙をつけて、一冊の本にするとよいでしょう。

■音読の練習

①発音練習

腹式呼吸を意識するために、おなかに手を当てながら、一音ずつ区切って、丁寧に発音します。慣れるまでは、教師のあとに続いて読むようにするとよいでしょう。

「発音練習」学習シートの①から④のすべてを一回の活動で読むのは無理があるので、一つを選んで行います。

（「発音練習」学習シート）

②滑舌練習（早口言葉）

舌や口の動きを滑らかにする練習です。最初は、ゆっくり正確に声に出し、できるようになったら、だんだんスピードを上げます。学習シートに挙げた例以外にも、クラスの実態に応じて取り入れてみてください。

（「早口言葉・音読練習」学習シート）

③音読練習

詩や言葉遊びなどを練習します。習ったものが定着したら、次の作品を配るようにします。

（「早口言葉・音読練習」学習シート、「つけたし言葉・寿限無」学習シート）

■群読に挑戦

「ちいさい　おおきい」の詩を使って

低学年におすすめの群読の方法を紹介します。群読のおもしろさは、みんなで読むということですが、この作品では、特に強弱をつけることによるおもしろさも味わわせることができます。

（「ちいさい　おおきい」学習シート）

①内容を話し合う

「ちいさい　おおきい」の詩を子どもたちに配り、一度みんなで声に出して読みます。そして、六つに分かれた連の一つずつを話し合い、内容をとらえます。

・ぞうは大きいけれど、涙は小さい。

・かえるは小さいけれど、その小さな体のなかでも、おなかは大きい。
・ありは小さいけれど、大きな荷物をもっている。
・くじらは体も大きいし、くしゃみもすごく大きい。

②強弱を考える

内容をふまえ、どの連を大きく読み、どの連を小さく読めばいいのかを話し合います。

・大きく――ぞうとかばの連
・小さく――かえるとありの連
・いちばん大きく――くじらの連
・いちばん小さく――めだかの連

③グループ分けをして、読む場所を確認し、群読をする

クラスを十グループに分けます。そして、教師が読む場所を伝えます。子どもたちは詩の自分の読む部分に線を引きます。全員で読む部分は四角で囲みます。

発音練習

①
あえいうえおあお
かけきくけこかこ
させしすせそさそ
たてちつてとたと
なねにぬねのなの
はへひふへほはほ
まめみむめもまも
やえいゆえよやよ
られりるれろらろ
わえいうえおわお

②
がげぎぐげごがご
か゜け゜き゜く゜け゜こ゜か゜こ゜
ざぜじずぜぞざぞ
だでぢづでどだど
ばべびぶべぼばぼ
ぱぺぴぷぺぽぱぽ

※か゜け゜き゜く゜け゜こ゜か゜こ゜は鼻濁音《びだくおん》です。はなにかけて発音します。

③
きゃ・け・き・きゅ・け・きょ・きゃ・きょ
しゃ・しぇ・し・しゅ・しぇ・しょ・しゃ・しょ
ちゃ・ちぇ・ち・ちゅ・ちぇ・ちょ・ちゃ・ちょ
にゃ・ね・に・にゅ・ね・にょ・にゃ・の
ひゃ・ひぇ・ひ・ひゅ・ひぇ・ひょ・ひゃ・ひょ
みゃ・め・み・みゅ・め・みょ・みゃ・みょ
りゃ・れ・り・りゅ・れ・りょ・りゃ・りょ

④
ぎゃ・げ・ぎ・ぎゅ・げ・ぎょ・ぎゃ・ぎょ
きゃ・け・き・きゅ・け・きょ・きゃ・き
じゃ・じぇ・じ・じゅ・じぇ・じょ・じゃ・じょ
びゃ・べ・び・びゅ・べ・びょ・びゃ・びょ
ぴゃ・ぺ・ぴ・ぴゅ・ぺ・ぴょ・ぴゃ・ぴょ

「発音練習」学習シート

早口言葉

生麦《なまむぎ》　生米《なまごめ》　生たまご　生麦《なまむぎ》　生にえ　生のまま
このすしは　すこし　すが　ききすぎだ
かえるぴょこぴょこ　三ぴょこぴょこ
合わせて　ぴょこぴょこ　六ぴょこぴょこ
木こり　ごりごり木を切りに、木こりの子どもも
木を切りに、のこぎりの音　ごりごりごり
金キングコング　銀《ぎん》キングコング　銅《どう》キングコング
待《ま》つとこまちがえ待《ま》ちくたびれる
野《の》ねずみ野宿《のじゅく》でぬれねずみ

音読練習

春の七草

せり　なずな　ごぎょう　はこべら　ほとけのざ
すずな　すずしろ　これぞ七草

十二支

子《ね》・丑《うし》・寅《とら》・卯《う》・辰《たつ》・巳《み》・午《うま》・未《ひつじ》・申《さる》・酉《とり》・戌《いぬ》・亥《い》

「早口言葉・音読練習」学習シート

つけたし言葉

驚《おどろ》き桃《もも》の木　山椒《さんしょ》の木
あたりき車力《しゃりき》よ　車《くるま》曳《ひ》き
蟻《あり》が鯛《たい》なら　芋虫《いもむし》や　鯨《くじら》
嘘《うそ》を築地《つきじ》の　御門跡《ごもんぜき》
恐《おそ》れ入谷《いりや》の　鬼子母神《きしぼじん》
おっと合点《がってん》　承知之助《しょうちのすけ》
その手は桑名《くわな》の　焼蛤《やきはまぐり》
何《なに》か用《よう》か　九日十日《ここのかとおか》
何《なに》が南京《なんきん》　唐茄子《とうなす》かぼちゃ
困《こま》り煎豆《いりまめ》　山椒味噌《さんしょみそ》
結構毛《けっこうけ》だらけ　猫灰《ねこはい》だらけ
困《こま》った膏薬《こうやく》　貼《は》り場《ば》がねえ
とんでも八分《はっぷん》　歩《ある》いて十分《じっぷん》

寿限無

寿限無《じゅげむ》、寿限無《じゅげむ》
五劫《ごこう》の擦《す》り切れ
海砂利水魚《かいじゃりすいぎょ》の
水行末《すいぎょうまつ》　雲来末《うんらいまつ》　風来末《ふうらいまつ》
食《く》う寝《ね》るところに住《す》むところ
やぶら小路《こうじ》の　ぶらこうじ
パイポパイポパイポの
パイポのシュシューリンガン
シューリンガンのグーリンダイ
グーリンダイの
ポンポコピーのポンポコナーの
長久命《ちょうきゅうめい》の長助《ちょうすけ》

※山椒のふりがなはリズムをよくするために「さんしょう」を「さんしょ」にしています。

「つけたし言葉・寿限無」学習シート

ちいさい　おおきい

香山　美子《よしこ》

ちいさい　おおきい
ちいさい　おおきい
おおきくって　おおきくって　おおきくって
ちいさい
ぞうさんの　なみだ

ちいさい　おおきい
ちいさい　おおきい
おおきくって　おおきくって　おおきくって
ちいさい
かばさんの　むしば

ちいさい　おおきい
ちいさい　おおきい
ちいさくって　ちいさくって　ちいさくって
おおきい
かえるの　おなか

ちいさい　おおきい
ちいさい　おおきい
ちいさくって　ちいさくって　ちいさくって
おおきい
ありさんの　にもつ

ちいさい　おおきい
ちいさい　おおきい
ちいさくって　ちいさくって　ちいさくって
ちいさい
めだかの　あくび

ちいさい　おおきい
ちいさい　おおきい
おおきくって　おおきくって　おおきくって
おおきい
くじらの　くしゃみ

「ちいさい　おおきい」学習シート

ちいさい　おおきい

香山　美子

※数字はグループごとに、「全」は全員で読む

(1・2) ちいさい　(8～10) おおきい
(1・2) ちいさい　(8～10) おおきい
(4～7) おおきくって　(3～8) おおきくって　(3～10) おおきくって
(1) ちいさい
(全) ぞうさんの　なみだ

(8・9) ちいさい　(6・7・10) おおきい
(8・9) ちいさい　(6・7・10) おおきい
(4～7) おおきくって　(3～8) おおきくって　(3～10) おおきくって
(1) ちいさい
(全) かばさんの　むしば

(10) ちいさい　(2・9) おおきい
(10) ちいさい　(2・9) おおきい
(4～6) ちいさくって　(7・8) ちいさくって　(9・10) ちいさくって
(2～4) おおきい
(6～10) かえるの　おなか

(1) ちいさい　(2・3) おおきい
(1) ちいさい　(2・3) おおきい
(6・8・9) ちいさくって　(6・7) ちいさくって　(4・5) ちいさくって
(8～10) おおきい
(6～10) ありさんの　にもつ

(1) ちいさい　(2・3) おおきい
(1) ちいさい　(2・3) おおきい
(4～6) ちいさくって　(7・8) ちいさくって　(9・10) ちいさくって
(1) ちいさい
(8～10) めだかの　あくび

(1～3) ちいさい　(4～7) おおきい
(1～3) ちいさい　(4～7) おおきい
(1～5) おおきくって　(1～6) おおきくって　(1～7) おおきくって
(全) おおきい
(全) くじらの　くしゃみ

10グループに分けた場合の群読のしかた

（山本　瑠香）

執筆者
今井　成司
・東京都杉並区立浜田山小学校　講師
・東京作文協議会　会長
・日本作文の会　委員
山本　瑠香
・東京都杉並区立八成小学校　教諭
横谷　和子
・東京都杉並区立厩橋小学校　教諭
（勤務先などは 2012 年 4 月現在）

表　紙：44℃　MOTOKI
カット：タカミネシノブ
44℃　MOTOKI
山本　瑠香

2年生
国語—教科書教材の読みを深める言語活動
発問を中心とした全時間の展開例

編著者　今井　成司・山本　瑠香
発行人　比留川　洋
発行所　株式会社　本の泉社
〒 113-003　東京都文京区本郷 2-25-6
電話：03-5800-8494　FAX：03-5800-5353
mail@honnoizumi.co.jp
http://www.honnoizumi.co.jp
2012年 7 月20日　初版　第 1 刷発行
印刷　音羽印刷・製本　村上製本所

ISBN978-4-7807-0662-8　C3037
日本音楽著作権協会(出)1207051-201